大樂文化

126張圖學會

量價戰法

秒賺波段

看懂主力的低買高賣，下一張賺錢的單

25年強勢股操盤手 **明發**◎著

Contents

第1章 透過量價關係，識破主力操盤心機 *009*

第2章 築底末期量價戰法：趁主力吸籌建倉，奠定獲利基礎 *049*

第3章 拉升環節量價戰法：
漲速快且漲幅大，順勢抓牢機會 *095*

第4章 強勢漲停量價戰法：
做多賺錢時，更要提防主力對敲 *149*

25 年操盤高手教你看懂量價訊號，快速低買高賣！

　　股市如同人生，常常一波三折，起起伏伏。人生艱難，歲月知曉，股市艱辛，帳戶知道。股市是一個證券投資交易市場，進行著零和賽局的博弈，雖然每個投資者的機會都是平等的，但受到各種因素的影響，像是國際經濟低迷、國內景氣不好、上市公司資訊造假、主力機構內線交易、老鼠倉利益輸送、投資者個人能力不足等等，能在股市中賺錢的只有少數人，多數人都會虧損，只是程度不同。

　　股市不會同情弱者，「強者愈強、弱者愈弱」的現象是股市的真實寫照，也是做股票就要做強勢股的依據。目前，中國股市不完全存在巴菲特宣導的長期價值投資機會，若想在股市裡盡快賺錢，尋找強勢股進行短線操作快進快出，是廣大投資者（包含主力機構）的較好選擇。

　　大道至簡，順勢而為，做強勢股、把握上升趨勢，能快速獲利。一般來說，當天買進，當天就能賺錢。許多大牛股、黑馬股都是從強勢股當中走出來。強勢股背後必定有主力機構在運作，主力機構操作一檔股票，會留下不可抹滅的痕跡，這為投資者操作強勢股提供機會。

　　做強勢股、把握上升趨勢，其實就是做強勢節點，只做啟動至拉升這幾節，如同竹筍破土見日、成長最快的階段，而且在成長速度變慢前撤退離場，這樣不僅節省時間和力氣，還節省資金。想要找到並抓住強勢股，做好強勢節點，必須學好基礎理論，練好基本功，在實戰中體會市場，累積經驗和見解，形成自己的操作思路、風格及模式。

　　《126張圖學會量價戰法秒賺波段》運用大量實戰案例，詳細解析主力機構在操盤強勢股過程中的思路、方法及技巧，引導投資者分析、

理解操盤手的操盤細節、手法及目的，把握買賣時機，做到與主力同行，實現短線快速獲利。實戰操作中，投資者一定要綜合個股股價在K線走勢中的位置、成交量、均線形態等各種因素，進行分析研究後，再慎重決策。

股市有風險，操作需謹慎。我將自身25年操盤強勢股的經驗和感悟融入本書中，為投資者提供一些操作思路和技法。但是，各位讀者千萬不能全照書中內容，必須根據手中股票的具體情況，通盤分析考慮後，再決定是否買賣。

本書得以順利出版，非常感謝出版社的大力支持、各方老師和朋友的指導與幫助，以及在創作過程中，查閱與參考的大量相關作品和資料，這些人事物都讓我得到許多感悟和啟示。

路雖遠，行將必至，事再難，做則必成。投資股票如同蓋房子，一開始就要打穩基礎，既要有豐富的理論知識，又要有足夠的經驗累積。我雖然從事證券投資25年，但在證券專業知識結構、投資理念風格、操盤風險控制等方面仍有薄弱環節，導致本書有些缺失和不足。請各路投資好手和讀者批評指正。誠摯希望本書對讀者有所啟發和幫助。

第 1 章

透過量價關係，
識破主力操盤心機

**本章
概述**

　　股價漲跌的關鍵在於主力機構的資金參與度,而主力機構的資金是否進場則是看成交量。

　　這代表成交量是盤面中最即時、最明顯的指標,它可以迅速反映出主力機構的交易行為,不管其拉升、打壓股價,或是調整洗盤,都能從走勢圖中的「盤面成交量」這個重要窗口展現。

　　所以,透過個股的量價關係,大致可以看出主力機構在個股運作中的操盤意圖和目的。

　　本章將說明,如何從量價關係的角度,判斷主力機構是否在建倉、洗盤、拉升或出貨。閱讀完本章,將了解這四個環節的量價特徵,並看穿主力機構的操盤手法和目的。

1-1 【建倉】主力隱秘逢低買進籌碼，引起股價微妙波動

　　建倉是主力機構看好某檔個股的未來成長潛力（包括資產重組等重大利多），在某個時段內逢低買進籌碼的行為。不同的主力機構操盤手有不同的建倉方式，取決於它的資金規模。不管主力機構採取什麼方式建倉，都有一個共同點，就是成交量有效放大，個股底部抬高。

　　成交量放大，必然會引起股價變化，不過主力機構吸籌建倉的行為隱秘、手法老到，建倉期間股價的微妙變化不易引起投資者注意，或者是主力機構偶爾的反常操作會誘導投資者誤判。這裡重點分析主力機構建倉時的三種量價特徵。

💲 股價下跌即將止穩時，成交量穩步放大

　　資金雄厚的主力機構在個股跌勢接近尾聲時，就已開始佈局，以打壓股價吸籌的手法展開建倉。有時候，看到某檔個股最後一個（或幾個）交易日的跌勢很猛，成交量急速放大，收出大陰線或假陰真陽線，其實賣出的大多都是散戶，買進的大多是主力機構，只是許多投資者沒有意識到。以下以上海電氣（601727）和華遠地產（600743）為例。

　　圖1-1（見下頁）是上海電氣2021年7月30日收盤時的K線走勢圖，可以看出此時該股處於高位下跌後的反彈中。在此之前，股價從2月22日最高價6.06元（前期相對高位）調整下跌，至7月29日最低價3.63元止跌回穩（又稱作止穩）。

　　我們仔細觀察該股下跌末期的K線走勢就會發現，7月20日起，股

圖1-1　上海電氣（601727）2021年7月30日的K線走勢圖

價雖然下跌，成交量卻出現放大的現象，說明主力機構利用打壓股價的時機吸籌建倉（此時的位置，主力機構也不可能賣出手中籌碼）。特別是7月23日開始連續收出五根陰線，股價急速下跌，而對應的下面五根成交量綠色量柱卻呈現逐步放大的狀態。

　　7月30日，上海電氣開低，收出一個大陽線漲停板，突破前高，一舉吞沒之前的五根急跌陰線，成交量較前一交易日放大兩倍多，形成大陽線漲停K線形態，直接開啟拉升行情。

　　由此可見，五根急跌陰線明顯是主力機構連續打壓股價的吸籌建倉行為。面對這種情況，投資者可以在個股收出大陽線漲停板的當日或次日，進場加倉買進籌碼，等待股價出現明顯見頂訊號時再賣出。

　　圖1-2是華遠地產2021年8月2日收盤時的K線走勢圖，可以看出此時該股處於高位下跌後的反彈趨勢中。股價從4月2日最高價2.27元（前期相對高位）調整下跌，至7月30日最低價1.78元止穩。

圖1-2　華遠地產（600743）2021 年 8 月 2 日的 K 線走勢圖

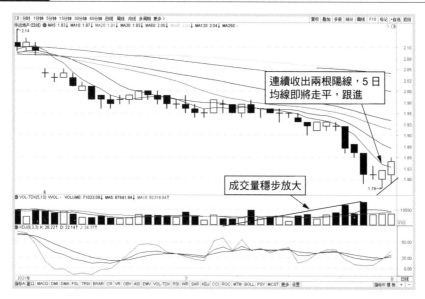

　　我們仔細觀察該股下跌末期K線走勢就會發現，從7月16日開始，雖然股價下跌，但成交量卻放大，說明主力機構利用下跌末期打壓股價的時機吸籌建倉（此時的位置，主力機構不可能賣出手中籌碼）。特別是7月26日開始連續收出三根大陰線，股價急速下跌，而對應的下面三根成交量綠色量柱，前後兩根呈現放大的狀態。

　　7月29日，該股以平盤開出，收出一顆十字星K線（低位或相對低位十字星又稱作希望之星，是一種轉勢訊號），股價止穩。次日，該股開低，收出一根長下影線錘頭陽K線（底部錘頭線又稱作變盤線、轉勢線），預示該股即將展開上漲行情。

　　8月2日，華遠地產開低，再次收出一根陽K線，此時5日均線即將走平，KDJ等部分技術指標開始走強，股價的強勢特徵初步顯現。面對這種情況，投資者可以在當日或次日進場，逢低分批買進籌碼，後市短期看好。

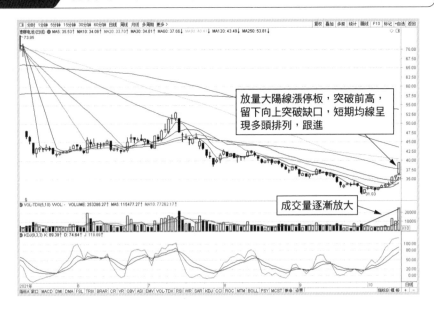

放量大陽線漲停板，突破前高，留下向上突破缺口，短期均線呈現多頭排列，跟進

成交量逐漸放大

💲 股價止穩後，成交量逐步溫和放大

有的主力機構在個股跌勢接近尾聲時，建立部分倉位，但是籌碼太少，在個股止穩後接著吸籌建倉。隨著成交量放大，股價緩慢上漲，底部逐漸抬高。如果個股前期下跌時間長、幅度較大，應該會有一段不錯的反彈（上漲）行情，投資者可以在個股止穩後，進場買進籌碼。以下以德賽電池（000049）和江淮汽車（600418）為例。

圖1-3是德賽電池2021年10月21日收盤時的K線走勢圖，我們可以看出此時該股走勢處於高位下跌後的反彈趨勢。在此之前，股價從2021年5月6日的最高價74.69元（前期相對高位）調整下跌，至9月29日的最低價31.03元止穩。

從盤面來看，雖然主力機構在跌勢接近尾聲時建立部分倉位，但收集的籌碼顯然太少。自股價止穩次日起，主力機構明顯展開進一步的吸

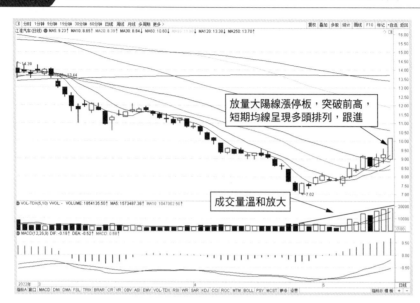

圖1-4 江淮汽車（600418）2022年5月19日的K線走勢圖

放量大陽線漲停板，突破前高，短期均線呈現多頭排列，跟進

成交量溫和放大

籌建倉行情。隨著成交量放大，股價出現較快上漲，底部逐漸抬高，K線明顯呈現紅多綠少、紅肥綠瘦的態勢。

10月21日，德賽電池跳空開高，收出一個大陽線漲停板，突破前高，留下向上跳空突破缺口，成交量較前一交易日放大兩倍多，形成大陽線漲停K線形態。

此時，短期均線呈多頭排列，MACD、KDJ等技術指標已經走強，股價的強勢特徵十分明顯，後市股價持續上漲的機率非常大。面對這種情況，投資者可以在當天搶漲停板或在次日進場買進籌碼，等待股價出現明顯見頂訊號時再賣出。

圖1-4是江淮汽車2022年5月19日收盤時的K線走勢圖，可以看出此時該股處於高位下跌後的反彈趨勢中。在此之前，股價從2021年12月9日最高價20.98元（前期相對高位）調整下跌，至2022年4月27日最低價7.02元止穩，下跌時間不長，但跌幅大。

在股價止穩後，主力機構開始推升股價，吸籌建倉。隨著成交量溫和放大，股價呈現較快的上漲走勢，底部迅速抬高，K線走勢明顯呈現紅多綠少、紅肥綠瘦的態勢。

5月19日，江淮汽車開低，收出一個大陽線漲停板，突破前高，成交量較前一交易日放大，形成大陽線漲停K線形態。此時，短期均線呈多頭排列，MACD、KDJ等技術指標開始走強，股價的強勢特徵比較明顯，後市繼續上漲的機率比較大。面對這種情況，投資者可以在當日或次日進場買進籌碼，等待股價出現明顯見頂訊號時再賣出。

💲 股價橫盤震盪（整理）洗盤，成交量間斷性放大

個股止穩，主力機構吸籌建倉將股價推升至一定高度後，一般會展開回檔洗盤，然後再橫盤震盪（整理）吸籌，目的在消化前期獲利盤和套牢盤，清洗意志不堅定的散戶，拉高市場成本，減少後期拉升的壓力，同時逢低增補部分倉位。

橫盤震盪（整理）洗盤吸籌期間，成交量呈現間斷性放大的狀態。橫盤震盪（整理）洗盤吸籌末期，主力機構可能挖坑打壓股價，製造緊張氣氛，恐嚇、誘騙投資者交出手中籌碼。

面對這種情況，投資者不要恐慌，當個股走出這種態勢，離主力機構的拉升也就不遠。大膽的投資者，可以在主力機構挖坑打壓結束後，直接進場買進籌碼；穩重的投資者，可以在股價突破坑沿後，進場買進籌碼。以下以清新環境（002573）和風形股份（002760）為例。

圖1-5是清新環境2021年8月31日收盤時的K線走勢圖，從圖中可以看出，此時該股處於上升趨勢中。在此之前，股價從2019年4月10日最高價10.50元（前期相對高位）調整下跌，至2021年2月4日最低價4.32元止穩，下跌時間長且跌幅大。在股價止穩後，主力機構開始推升股價，吸籌建倉。隨著成交量穩步放大，股價呈現較快的上漲走勢，底部迅速抬高。

3月16日，該股開低，股價衝高至當日最高價6.14元再回落，主力

圖1-5　清新環境（002573）2021 年 8 月 31 日的 K 線走勢圖

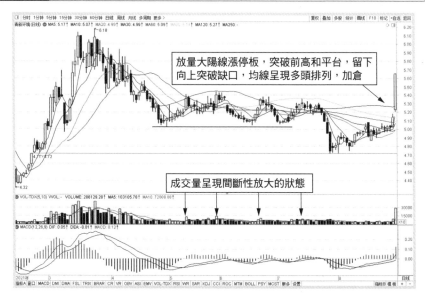

機構展開回檔洗盤行情，回檔至4月28日最低價5.05元止穩，展開橫盤震盪（整理）洗盤吸籌行情，成交量呈現間斷性放大的狀態。

　　橫盤震盪（整理）洗盤吸籌行情持續到7月22日，主力機構開始挖坑打壓股價，股價連續急跌五個交易日後，於7月29日止穩（當日該股開高，收出一顆假陰真陽十字星，又稱作早晨之星）。之後，隨著成交量放大，股價開始緩慢上漲。

　　8月31日，清新環境跳空開高，收出一個大陽線漲停板，突破前高和震盪（整理）洗盤吸籌平台，留下向上突破缺口，成交量較前一交易日放大3倍多，形成大陽線漲停K線形態。

　　此時，均線（除了250日均線之外）呈多頭排列，MACD、KDJ等技術指標已經走強，股價的強勢特徵十分明顯，後市持續上漲的機率大。面對這種情況，投資者可以在當日搶漲停板追進，或是在次日進場加倉買進籌碼，等待股價出現明顯見頂訊號時再賣出。

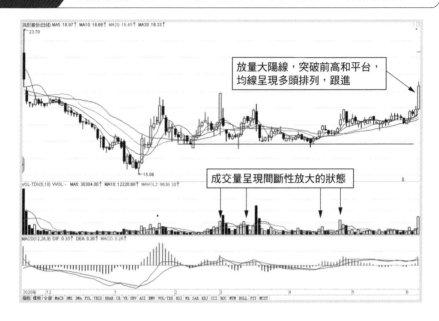

圖1-6 ▶ 風形股份（002760）2021年6月7日的K線走勢圖

　　圖1-6是風形股份2021年6月7日收盤時的K線走勢圖，可以看出此時該股處於上升趨勢中。在此之前，股價從2018年10月18日最低價11.27元（前期相對低位），一路震盪盤升，至2020年7月15日最高價25.64元，展開下跌調整洗盤行情。

　　2021年1月14日，該股下跌調整探至最低價15.06元止穩，主力機構快速推升股價，收集籌碼，然後展開橫盤震盪（整理）洗盤吸籌行情。期間成交量呈現間斷性放大的狀態。

　　6月7日，風形股份開高，收出一根大陽線（收盤漲幅7.41%），突破前高和平台，成交量較前一交易日放大3倍多。此時，均線（除了250日均線之外）呈現多頭排列，MACD、KDJ等技術指標已經走強，股價的強勢特徵十分明顯。面對這種情況，投資者可以在當日或次日進場加倉買進籌碼，待股價出現明顯見頂訊號時再賣出。

1-2 【洗盤】股價被打壓，成交量逐步萎縮，週轉率越來越小

　　洗盤是主力機構在拉升股價前，清洗獲利盤、套牢盤和意志不堅定投資者的行為，是主力機構操縱股市，故意打壓股價，然後在低位再買進籌碼的一種操盤手法。

　　原則上，主力機構根據自己的籌碼集中度和成本情況，將個股股價推升至一定高度後，會透過試盤來感知套牢盤和跟風盤的壓力，並視情況將股價控制在一定的時間和價格區間內，展開洗盤行情。

　　洗盤的主要手法是透過急速衝高回落、大幅橫盤震盪、挖坑打壓、高位震倉等方式，故意走壞K線和均線形態，以恐嚇並誘騙投資者交出手中籌碼、調倉換股、拉高新進場投資者的成本，並減輕後續拉升的壓力。

　　洗盤行情接近尾聲時，買賣交易逐漸冷清，於是成交量呈現大幅萎縮狀態。至此，主力機構洗盤的目的大致達成，拉升行情即將開啟。在洗盤的同時，主力機構也會趁機低買高賣，達到短期獲利和降低籌碼成本的目的。

　　主力機構有各式各樣的洗盤方式，不同的操盤手有不一樣的洗盤手法，同一檔股票可以採取多種方式反覆洗盤。但是，不管主力機構採取什麼方式和手法洗盤，成交量必然逐步萎縮，週轉率會越來越小，成交量和週轉率的變化必定引起股價的變化。以下重點分析主力機構洗盤時的三種量價特徵。

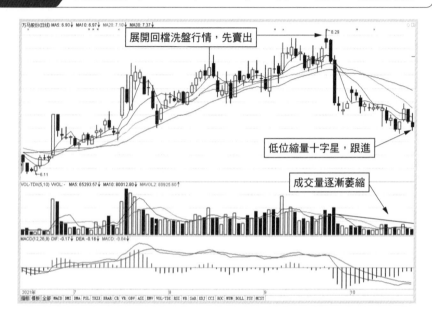

圖1-7　萬馬股份（002276）2021年10月28日的K線走勢圖

💲 拉高震倉洗盤，股價回檔，成交量逐漸萎縮

　　個股止穩後，主力機構馬上展開吸籌建倉行情，隨著成交量放大，股價快速上漲。股價推升到一定高度後，已經累積不少獲利盤，主力機構開始展開震盪回檔洗盤吸籌行情，目的是為了消化獲利盤和套牢盤，清洗意志不堅定的投資者，拉高投資者的入場成本，減少後期拉升的壓力，同時逢低增補部分倉位。

　　伴隨主力機構低買高賣、震盪下跌洗盤吸籌行情的展開，股價逐步回落，成交量也逐漸萎縮。以下以萬馬股份（002276）為例。

　　圖1-7是萬馬股份2021年10月28日收盤時的K線走勢圖，可以看出此時該股處於上升趨勢中。在此之前，股價從4月30日的最低價6.08元（前期相對低位）止穩，主力機構開始推升股價，隨著成交量放大，股價出現較快的上漲。

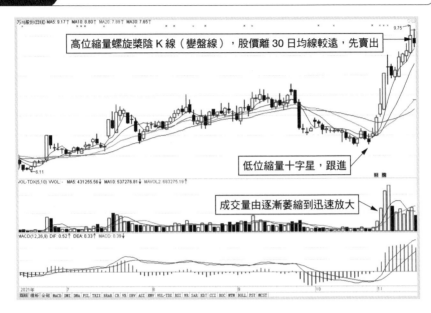

> **圖1-8**　萬馬股份（002276）2021 年 11 月 15 日的 K 線走勢圖

圖中標註文字：
- 高位縮量螺旋槳陰 K 線（變盤線），股價離 30 日均線較遠，先賣出
- 低位縮量十字星，跟進
- 成交量由逐漸萎縮到迅速放大

　　9月23日，該股開高，股價衝高至當日最高價8.29元再回落，收出一顆假陰真陽十字星，主力機構展開回檔洗盤行情，投資者可以在當日或次日逢高賣出手中籌碼，伴隨洗盤行情的逐漸展開，股價逐步下跌，成交量也漸漸萎縮。

　　10月28日，萬馬股份開低，收出一顆陰十字星（底部或相對低位的十字星又稱作希望之星、早晨之星），當日股價最低探至6.77元，週轉率0.63％，成交量極度萎縮，股價已經跌不動，回檔洗盤行情接近尾聲，預示新一輪上漲行情即將展開。面對這種情況，投資者可以在當日或次日，進場分批買進籌碼，持股待漲。

　　圖1-8是萬馬股份2021年11月15日收盤時的K線走勢圖。該股於2021年10月28日最低價6.77元止穩後，回檔洗盤行情結束，主力機構展開新的一輪上漲行情。隨著成交量迅速放大，股價幾乎直線上衝，很快突破前高繼續上行。

11月15日，萬馬股份開低，股價衝高回落，收出一根螺旋槳陰K線（高位或相對高位的螺旋槳K線又稱作變盤線、轉勢線），成交量較前一交易日萎縮，此時股價距離30日均線較遠，代表主力機構已展開調整行情。面對這種情況，投資者可以在當日或次日逢高賣出手中籌碼，或是持續追蹤觀察。

💲 橫盤震盪洗盤，股價上下波動，成交量逐漸萎縮

一般情況下，個股從高位下跌至底部區域止穩後，主力機構會馬上開始吸籌建倉，將股價推升至一定高度，然後展開震盪回檔洗盤吸籌行情。不過震盪回檔幅度不會太大，以免投資者低價跟進。

如果主力機構沒有達到震盪回檔洗盤的目的，就會繼續展開橫盤震盪洗盤吸籌行情，進一步消化獲利盤和前期套牢盤，清洗意志不堅定的人，拉高新進場投資者的入場成本，減少後期拉升的壓力，同時也逢低增補部分倉位。

隨著橫盤震盪洗盤吸籌行情的展開，成交量呈現間斷性萎縮的狀態。當洗盤行情接近尾聲時，股價的震盪幅度越來越小，均線系統逐漸呈現交叉黏合的態勢，且成交量逐漸萎縮。以下以華電重工（601226）為例，進行說明。

圖1-9是華電重工2021年8月3日收盤時的K線走勢圖，可以看出此時個股處於橫盤震盪調整洗盤的末期。在此之前，股價從2月8日最低價3.51元（前期相對低位）止穩，主力機構開始推升股價，隨著成交量放大，股價出現較快的上漲。

4月6日，該股以平盤開出，股價衝高至當日最高價4.57元再回落，（當日盤中一度漲停），收出一根長上影線陽K線，主力機構開始展開回檔洗盤行情，至4月27日最低價3.74元止穩。

然後主力機構再次展開橫盤震盪洗盤吸籌行情，進一步消化獲利盤和前期套牢盤，清洗意志不堅定的投資者，減少後期拉升的壓力，同時自己逢低增補部分倉位。

圖1-9　華電重工（601226）2021年8月3日的K線走勢圖

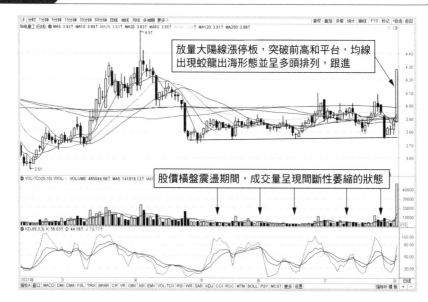

放量大陽線漲停板，突破前高和平台，均線出現蛟龍出海形態並呈多頭排列，跟進

股價橫盤震盪期間，成交量呈現間斷性萎縮的狀態

　　隨著橫盤震盪洗盤吸籌行情的推進，成交量呈現間斷性萎縮的狀態。橫盤震盪洗盤吸籌行情接近尾聲時，股價震盪幅度越來越小，均線系統逐漸呈現黏合的態勢，成交量也越來越萎縮。

　　7月30日，該股開低，收出一顆陰十字星（底部或相對低位的十字星又稱作希望之星、早晨之星），成交量極度萎縮，週轉率只有0.35％，預示橫盤震盪洗盤行情結束，新的一輪上漲行情即將展開。

　　8月3日，華電重工開低，收出一個大陽線漲停板，突破前高和震盪洗盤平台，成交量較前一交易日放大近7倍，形成大陽線漲停K線形態。當日股價向上突破5日、10日、20日、30日、60日、90日、120日和250日均線（一陽穿八線），均線形成蛟龍出海形態。

　　此時，均線呈多頭排列，MACD、KDJ等技術指標已經走強，股價的強勢特徵非常明顯，後市快速上漲的機率較大。面對這種情況，投資者可以在當日或次日進場，加倉買進籌碼。

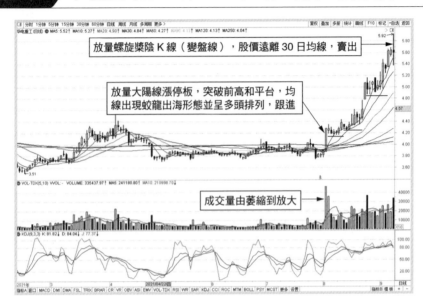

圖1-10 華電重工（601226）2021年9月8日的K線走勢圖

圖1-10是華電重工2021年9月8日收盤時的K線走勢圖，可以看出該股8月3日收出一個放量大陽線漲停板，突破前高和平台後，主力機構開始加速上漲行情。

從上漲的情況來看，主力機構採取台階式推升的操盤手法，依託5日均線加速推升股價，股價回檔偶爾跌（刺）破5日均線，但很快收回，10日均線發揮較強的支撐作用，整個上漲走勢還算順暢。

9月8日，華電重工以平盤開出，股價衝高回落，收出一根長上下影線、實體很小的螺旋槳陰K線（高位或相對高位的螺旋槳K線又稱作變盤線、轉勢線），成交量較前一交易日明顯放大。

此時，股價遠離30日均線，KDJ等部分技術指標開始走弱，股價的弱勢特徵已經顯現。面對這種情況，投資者如果沒有出完手中籌碼，次日可以先逢高賣出，等待股價調整到位後再買回。

🪙 挖坑（打壓）洗盤，股價下跌，成交量大幅萎縮

　　主力機構挖坑（打壓）洗盤手法變化多端，有上升途中的挖坑（打壓）洗盤、橫盤震盪洗盤調整末期的挖坑（打壓）洗盤、低位下跌三角形再挖坑（打壓）洗盤等。

　　挖坑（打壓）洗盤是主力機構最兇狠的洗盤手法，突然下跌的連續陰線或大陰線，會讓投資者無所適從。尤其是主力機構借助大盤大跌時，進行挖坑（打壓）洗盤，大部分的散戶、甚至中小型主力都不得不賣出離場。

　　隨著挖坑（打壓）洗盤行情的向下深入，主力機構利用之前打壓出貨的資金，慢慢地在低點買進，個股呈現價跌量縮的走勢。當挖坑（打壓）洗盤行情接近尾聲時，股價即將止穩，且成交量呈現大幅萎縮的狀態。

　　以下主要分析投資者在實戰中，經常遇見的兩種主力機構挖坑（打壓）洗盤手法，分別是上升途中的挖坑（打壓）洗盤，以及橫盤震盪末期的挖坑（打壓）洗盤。

1. 上升途中的挖坑（打壓）洗盤

　　主力機構在拉升股價，到達前期密集成交區時，感覺上方壓力過大、賣壓過重，就會挖坑（打壓）洗盤，清洗獲利盤和套牢盤，以減輕後期拉升的壓力。

　　挖坑（打壓）洗盤期間，股價急速下跌，成交量呈現萎縮狀態，但持續時間不會太長。挖坑（打壓）洗盤末期，股價堅決止跌回升，往往經過大概三個交易日，就會突破前期高點，所以投資者一定要把握股價在坑底時的進場時機。

　　在股價上升的途中，主力機構透過挖坑洗盤，恐嚇、誘騙投資者賣出手中籌碼，以減輕後期拉升的壓力，這種坑又稱作「黃金坑」。出現黃金坑之後，主力機構有很大的機率會快速拉升股價。以下以馬應龍（600993）為例。

圖1-11　馬應龍（600993）2021 年 7 月 2 日的 K 線走勢圖

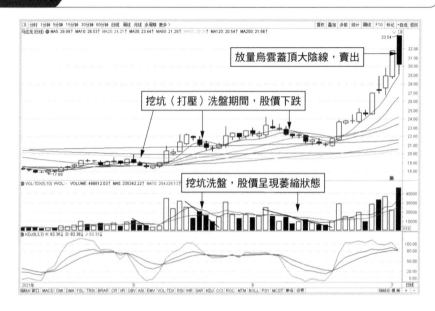

圖1-11是馬應龍2021年7月2日收盤時的K線走勢圖，可以看出此時該股整體處於上升趨勢中。股價在2月4日最低價17.40元（前期相對低位）止穩後，主力機構展開橫盤震盪洗盤吸籌行情。

從4月14日開始，主力機構開始向上推升股價。股價上漲途中，5月6日展開第一次挖坑（打壓）洗盤行情，5月19日展開第二次挖坑（打壓）洗盤行情，6月4日展開第三次挖坑（打壓）洗盤行情。

第三次挖坑（打壓）洗盤持續時間較長，打壓幅度較大，至6月17日，成交量大幅萎縮，週轉率只有1.46％，隨後主力機構展開一波快速拉升行情，漲幅較大。

像這種上漲途中的挖坑（打壓）洗盤行情，投資者可以在每一次挖坑（打壓）洗盤行情的末期進場買進籌碼，等到上漲途中出現帶長上影線K線（或螺旋槳K線、十字線等調整訊號的K線）的當日或次日，先賣出手中籌碼，待股價調整下跌至坑底後再將籌碼買回。

7月2日，馬應龍大幅開高，股價衝高回落，收出一根烏雲蓋頂大陰線（常見的看跌反轉訊號），形成烏雲蓋頂的走勢，成交量較前一交易日放大2倍多。此時，股價遠離30日均線且漲幅較大，KDJ等部分技術指標走弱，股價的弱勢特徵開始顯現。面對這種情況，投資者如果還有籌碼沒有出完，次日應該逢高賣出，或是持續追蹤觀察。

2. 橫盤震盪末期的挖坑（打壓）洗盤

個股從高位下跌至底部區域止穩後，主力機構一般都會馬上開始吸籌建倉將股價推升至一定高度，然後該股展開震盪回檔洗盤吸籌行情，如果沒有達到目的，就會繼續展開橫盤震盪洗盤吸籌行情。

在橫盤震盪洗盤吸籌過程中，透過試盤，如果感覺上方賣壓還是比較重，主力機構會根據自己的籌碼集中度和成本情況，一般會挖坑（打壓）洗盤，進一步消化獲利盤，清洗意志不堅定的投資者，減少後期拉升的壓力，同時逢低增補部分倉位。

挖坑（打壓）洗盤期間，股價急促下跌，成交量呈現萎縮狀態。挖坑（打壓）洗盤末期，股價快速止跌回升，大概三個交易日就會突破前期高點，投資者要把握好股價在坑底時的時機進場買進。以下以中科三環（000970）為例。

圖1-12（見下頁）是中科三環2021年7月2日收盤時的K線走勢圖，可以看出此時該股走勢處於橫盤震盪洗盤中。在此之前，股價在2月8日最低價8.80元（前期相對低位）止穩後，主力機構快速向上推升股價，收集籌碼。

3月5日，該股以平盤開出，股價衝高至當日最高價12.27元再回落，收出一根長上下影線實體很小的螺旋槳陰K線，展開回檔洗盤行情。投資者可以在當日或次日先逢高賣出手中籌碼，待股價調整到位後，再將籌碼買回。

3月25日，該股開高，收出一顆陽十字星，當日股價最低探至9.41元止穩，然後展開橫盤震盪洗盤吸籌行情，進一步消化獲利盤，清洗意志不堅定的投資者，減少後期拉升的壓力。期間股價波動幅度較小，成

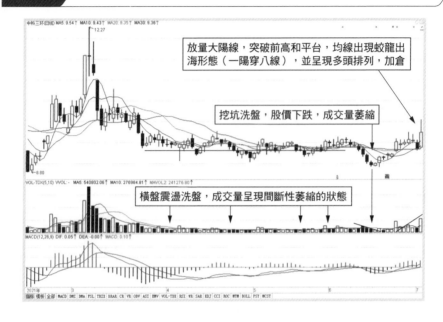

圖1-12　中科三環（000970）2021年7月2日的K線走勢圖

放量大陽線，突破前高和平台，均線出現蛟龍出海形態（一陽穿八線），並呈現多頭排列，加倉

挖坑洗盤，股價下跌，成交量萎縮

橫盤震盪洗盤，成交量呈現間斷性萎縮的狀態

交量呈現間斷性萎縮的狀態。

　　6月8日，該股開低，收出一根陰十字星，展開挖坑（打壓）洗盤行情，連續收出六根陰線（其中一根是假陽真陰K線），成交量呈現萎縮狀態。

　　6月17日，該股開低，收出一顆陽十字星，當日股價最低探至8.94元止穩，此時成交量極其萎縮，週轉率為0.86％。大膽的投資者此時可以進場分批買進籌碼。隨著成交量放大，股價逐步上行。

　　7月2日，中科三環開高，收出一根大陽線，突破前期高點和平台，成交量較前一日放大3倍多，股價向上突破5日、10日、20日、30日、60日、90日、120日和250日均線（一陽穿八線），均線形成蛟龍出海形態。此時，均線（除了250日均線之外）呈多頭排列，MACD、KDJ等技術指標走強，股價的強勢特徵已經非常明顯，後市快速上漲的機率大。面對這種情況，投資者可以在當日或次日進場加倉買進籌碼。

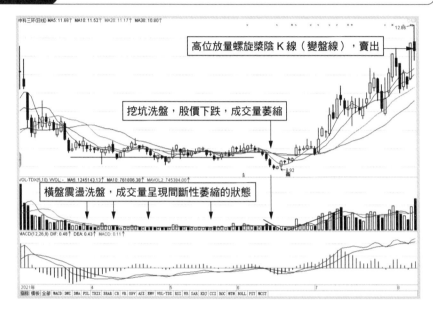

圖1-13　中科三環（000970）2021年8月9日的K線走勢圖

圖1-13是中科三環2021年8月9日收盤時的K線走勢圖，可以看出7月2日該股如前所述，收出一個根放量大陽線，股價的強勢特徵相當明顯，隨後主力機構展開快速拉升行情。

從拉升情況來看，主力機構依託5日均線向上推升股價，期間該股展開過三次較大幅度的調整，股價回檔向下跌（刺）破10日均線但很快收回，20日均線發揮較強的支撐作用，整個上漲走勢還算順暢。

8月9日，中科三環開高，股價衝高回落，收出一根長上下影線的螺旋槳陰K線（高位或相對高位的螺旋槳K線又稱作變盤線、轉勢線），成交量較前一交易日明顯放大。此時，KDJ等部分技術指標開始走弱，股價的弱勢特徵已經顯現。面對這種情況，投資者如果還有籌碼沒有出完，次日應該逢高賣出，或是持續追蹤觀察。

1-3 【拉升】主力發動漲停、快速對敲，你該如何因應？

　　拉升是主力機構將目標股票的價格拉高至目標價位的行為。實戰中的拉升，一般是指主力機構將個股股價快速向上拉升，拉出利潤空間以便出貨，從而實現獲利最大化的行為，是主力機構運作一檔股票的重要環節。

　　主力機構在對目標股票採用初期上漲吸籌建倉、震盪整理低買高賣增倉、挖坑洗盤補倉等一系列操盤手法後，在籌碼鎖定程度較高、控盤比較到位的情況下，接著採取對倒或對敲等操盤手法，將股價拉升至目標價位，然後隱密出貨。

　　主力機構拉升股價的方式多種多樣，不同的主力機構有不一樣的拉升手法，同一檔股票也可以採取多種方式反覆拉升，而且不同的拉升方式表現出的量價關係也不盡相同。以下重點分析實戰中兩種常見的主力機構拉升方式的量價特徵，分別是漲停拉升、快速對敲（對倒）拉升。

⑤ 漲停拉升

　　量價特徵表現為在漲停拉升期間量縮價漲，漲停板打開後量增價滯。主力機構主要透過股價的漲停來吸引市場關注，打開漲停板後投資者進場，主力機構趁機出貨。有時主力機構也會採取小單買進、大單賣出的操盤手法，保持股價短期的上升態勢，以便順利出貨。以下以京投發展（600683）和國光電器（002045）為例。

　　圖1-14是京投發展2021年9月23日收盤時的K線走勢圖，可以看出

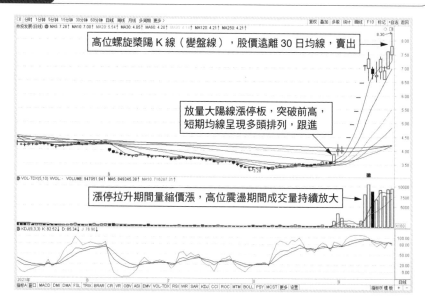

圖1-14 京投發展（600683）2021年9月23日的K線走勢圖

此時該股處於上升趨勢的末期。在此之前，股價從2019年4月8日的最高價6.14元（前期相對高位）展開調整下跌，至8月6日的最低價3.91元止穩，然後主力機構展開大幅度橫盤震盪洗盤調整行情，低買高賣，獲利與洗盤吸籌並舉。

橫盤震盪洗盤吸籌行情持續到2021年6月8日，次日主力機構展開挖坑打壓股價洗盤行情，成交量呈現持續萎縮的狀態，至7月30日最低價3.28元挖坑洗盤結束，主力機構開始緩慢推升股價，繼續收集籌碼。

從該股走勢來看，自2019年4月8日相對高位開始調整下跌，到橫盤震盪洗盤吸籌，再到2021年7月30日挖坑洗盤結束，時間長達2年3個月，由此可見主力機構操盤的耐心和決心。

8月31日，該股以平盤開出，收出一個大陽線漲停板，突破前高，成交量較前一交易日放大6倍多，形成大陽線漲停K線形態。此時，短期均線呈多頭排列，MACD、KDJ等技術指標走強，股價的強勢特徵已經

顯現，後市持續快速上漲的機率大。面對這種情況，投資者可以在當日或次日進場逢低加倉買進籌碼。

9月1日、2日，主力機構強勢調整兩個交易日，收出兩顆十字星，正是投資者進場買進籌碼的好時機。隨後，主力機構以漲停板的方式，快速拉升股價，連續拉出五個一字漲停板，一字漲停板拉升期間，成交量呈現萎縮狀態。

9月10日，該股大幅開高（向上跳空9.75％開盤），收出一個小T字漲停板，成交量較前一交易日放大5倍多，可見主力機構當日採取大幅開高、漲停誘多的手法，引誘投資者進場，並派發不少籌碼。此後，主力機構採取高位震盪、偶爾拉升甚至拉出漲停板的方式，持續出貨，但股價上漲速度卻非常緩慢，成交量持續放大。

9月23日，京投發展開低，股價衝高回落，收出一根螺旋槳陽K線（高位螺旋槳K線又稱作變盤線、轉勢線），成交量與前一交易日大致持平，明顯是主力機構利用開低拉高、盤中大幅震盪，吸引跟風盤進場並趁機展開出貨。

此時，股價遠離30日均線且漲幅較大，KDJ等部分技術指標開始走弱，盤面弱勢特徵已經顯現。面對這種情況，投資者如果手中還有籌碼沒有出完，次日要逢高賣出。

圖1-15是國光電器2021年11月9日收盤時的K線走勢圖，可以看出此時該股整體走勢處於上升趨勢中。在此之前，股價從2021年7月23日最高價15.37元（前期相對高位）回檔洗盤，至10月18日最低價10.25元止穩。隨後該股展開強勢整理行情，K線走勢呈現紅多綠少、紅肥綠瘦，成交量由萎縮到溫和放大。

11月4日，主力機構展開直線拉升行情，連續拉出兩個一字漲停板、一個T字漲停板，形成一字漲停和T字漲停K線形態。一字漲停板拉升期間，該股成交量呈萎縮狀態。11月8日漲停板被打開後（小T字板），成交量急速放大，主力機構當日派發不少籌碼。

11月9日，國光電器開高，股價衝高回落，收出一根長上影線倒錘頭陽K線（高位或相對高位倒錘頭K線又稱作射擊之星、流星線），盤

圖1-15　國光電器（002045）2021 年 11 月 9 日的 K 線走勢圖

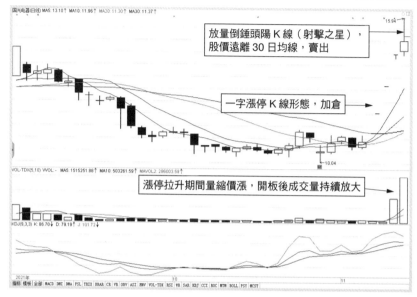

中股價一度漲停，成交量較前一交易日大幅放大，明顯是主力機構利用開高、盤中拉高、漲停以及打開漲停板的操盤手法，引誘跟風盤進場，同時趁機出貨。

此時，股價遠離30日均線且漲幅較大，KDJ等部分技術指標已經走弱，盤面弱勢特徵顯現。面對這種情況，投資者如果還有籌碼沒有出完，次日要逢高賣出，或是持續追蹤觀察。

💲 快速對敲（對倒）拉升

量價特徵表現為拉升期間量增價漲。對敲（對倒）是主力機構慣用的操盤手法，經常運用於建倉、震倉、拉高、出貨和反彈行情中。尤其是拉升階段後期，在高度控盤的情況下，只有主力機構透過對敲（本身多個帳戶之間）或對倒（不同主力聯手），放量拉升（一般散戶沒有拉

圖1-16 騰景科技（688195）2021 年 11 月 24 日的 K 線走勢圖

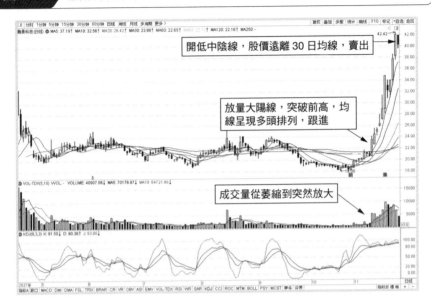

> 開低中陰線，股價遠離 30 日均線，賣出

> 放量大陽線，突破前高，均線呈現多頭排列，跟進

> 成交量從萎縮到突然放大

升的能力），才能吸引市場關注，引誘投資者跟進接盤。

不過，對於投資者來說，如果能夠在主力機構開始對敲（對倒）放量拉升時立即跟進，可以確實搭上一段順風車，但一定要在目標股票出現見頂訊號時馬上離場，才能保證獲利，落袋為安。

所以，我們從盤面可以看到，後期主力機構的對敲（對倒）拉升，加上眾多跟風盤追進，營造出激烈的量價齊升氛圍。以下以騰景科技（688195）和黑牡丹（600510）為例。

圖1-16是騰景科技2021年11月24日收盤時的K線走勢圖。該股是同年3月26日上市的一隻次新股，上市時受到大盤持續下跌的影響，上市當日就收黑。4月20日上漲至最高價32.57元開始下跌調整，之後主力機構展開橫盤震盪（挖坑）洗盤吸籌，進一步消化獲利盤，清洗意志不堅定的投資者。

10月25日，該股開高，收出一根小陽線，當日股價最低探至18元止

穩，挖坑行情結束，主力機構開始緩慢推升股價，收集籌碼，K線走勢呈現紅多綠少、紅肥綠瘦的態勢，成交量由萎縮到溫和放大。

11月10日，該股開低，收出一根大陽線（漲幅13.78％），突破前高，成交量較前一交易日放大3倍多，週轉率達16.12％。從當天的成交量和週轉率來看，應該是主力機構對敲（對倒）放量啟動拉升行情，因為做為實際流通盤較小的次新股，經過半年多的橫盤震盪和挖坑打壓洗盤，投資者手中應該沒有多少籌碼可賣（多數投資者此時也不會賣出手中籌碼）。

此時，短中長期均線呈現多頭排列，MACD、KDJ等技術指標走強，股價的強勢特徵已經非常明顯，後市持續快速上漲的機率大。面對這種情況，投資者可以在當日或次日進場，逢低加倉買進籌碼，等待股價出現明顯見頂訊號時再賣出。

11月24日，騰景科技開低，收出一根中陰線，成交量較前一交易日大幅萎縮。此時，股價遠離30日均線且漲幅較大，KDJ等部分技術指標開始走弱，盤面弱勢特徵顯現。面對這種情況，投資者如果還有籌碼沒有出完，次日要逢高賣出。

圖1-17（見下頁）是黑牡丹2021年8月10日收盤時的K線走勢圖，可以看出此時該股整體走勢處於上升趨勢。在此之前，股價從2020年8月13日最高價10.18元（前期相對高位）下跌調整，至2021年2月4日最低價5.70元止穩，主力機構開始推升股價，收集籌碼。

接著，該股展開橫盤震盪洗盤吸籌行情，主力機構進一步消化獲利盤，清洗意志不堅定的投資者。過程中，主力機構於4月20日、6月10日展開兩次挖坑（打壓）洗盤行情。

7月20日，該股以平盤開出，收出一顆陽十字星，股價最低探至6.11元止穩，挖坑行情結束，當日成交量極度萎縮，週轉率僅0.20％。次日該股開高，收出一根大陽線，成交量相較前一交易日放大3倍多。

7月22日，該股開低，收出一個大陽線漲停板，突破坑沿，成交量較前一日放大5倍多，從當天的成交量和週轉率來看，應該是主力機構對敲（對倒）放量啟動拉升行情，因為該股經過將近一年的下跌調整和

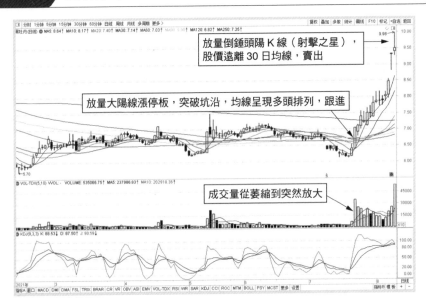

圖1-17　黑牡丹（600510）2021年8月10日的K線走勢圖

橫盤震盪洗盤，特別是兩次深度挖坑打壓，投資者手中應該沒有多少籌碼可賣（多數投資者此時也不會賣出手中籌碼）。

此時，均線（除了120日、250日均線之外）呈多頭排列，MACD、KDJ等技術指標走強，股價的強勢特徵已經非常明顯，後市持續快速上漲的機率大。面對這種情況，投資者可以在當日或次日進場，逢低加倉買進籌碼。之後，主力機構快速向上拉升股價。

8月10日，黑牡丹開高，股價衝高回落，收出一根倒錘頭陽K線（高位倒錘頭K線又稱作射擊之星、流星線），成交量較前一交易日放大2倍多，明顯是主力機構利用開高、盤中拉高、高位震盪等手法引誘跟風盤進場，同時展開出貨。

此時，股價遠離30日均線且漲幅較大，KDJ等部分技術指標開始走弱，盤面弱勢特徵已經顯現。面對這種情況，投資者如果還有籌碼沒有出完，次日要逢高賣出，或是持續追蹤觀察。

1-4 【出貨】實現獲利常用3種 伎倆，急漲急出、邊拉邊出……

出貨一般是指主力機構將手中籌碼賣出（清倉）的行為。雖然投資者將手中籌碼賣出也可以稱為出貨，但在實際操作中，人們通常將控盤的主力機構視為操盤主體，進而將其賣出（清倉）手中股票的行為稱為出貨。

主力機構在對目標股票展開吸籌建倉、震盪整理低買高賣增倉、挖坑洗盤補倉、拉升拉出利潤空間等一系列手法之後，就到了最關鍵的出貨階段。主力機構唯有將手中的籌碼賣給其他投資者，才能兌現利潤，實現操盤意圖和目的。

主力機構出貨方式多種多樣，不同的主力機構有不一樣的出貨手法，針對同一檔股票，也可以在不同階段採取多種方式出貨。這裡分析實戰中三種常見的主力機構高位出貨方式的量價特徵，分別是急漲急出、邊拉邊出、平台出貨。

💲 急漲急出

量價特徵表現為股價急速上漲時縮量，急速下跌時放大量，然後逐漸縮量。一般情況下，目標股票前期已經有過一波漲幅，經過較長時間震盪下跌洗盤，主力機構大致控盤，急速拉升時縮量沒什麼壓力，拉升末期突然打壓出貨時放巨量，主力機構快速派發大部分籌碼，這是最狠毒、最兇殘的出貨手法。

但是，主力機構一時半刻也出不完所有籌碼，還要透過後期反覆震

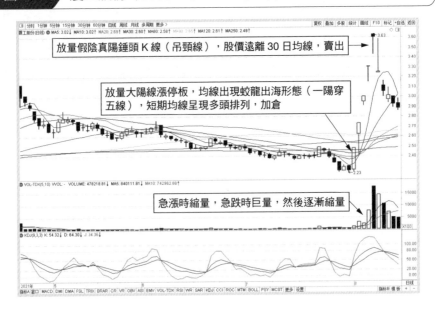

圖1-18 廈工股份（600815）2021年8月13日的K線走勢圖

盪甚至拉高（反彈），吸引市場人氣，不斷引誘投資者跟風接盤，才能出完手中全部的籌碼。所以，急跌時沒有及時賣出的投資者，後期的震盪走高（反彈）是最後的賣出機會。以下以廈工股份（600815）和五礦發展（600058）為例。

圖1-18是廈工股份2021年8月13日收盤時的K線走勢圖，可以看出該股之前已經有過一波上漲（反彈），股價從1月8日最低價1.99元上漲至4月22日最高價3.13元，然後展開下跌調整洗盤吸籌行情，7月23日又展開挖坑（打壓）洗盤，至7月30日最低價2.23元止穩時，週轉率只有0.31%，成交量極度萎縮。

8月2日，該股開高，拉出一個大陽線漲停板，吞沒之前挖坑（打壓）洗盤時的四根陰陽線，股價突破坑沿（前高），成交量較前一交易日放大2倍多，形成大陽線漲停K線形態。當日股價向上突破5日、10日、20日、30日和250日均線（一陽穿五線），60日均線在股價上方下

行，90日均線即將走平，120日均線在股價上方上行，均線形成蛟龍出海形態。

此時，短期均線呈現多頭排列，MACD、KDJ等技術指標走強，股價的強勢特徵已經相當明顯，後市持續快速上漲的機率大。面對這種情況，投資者可以在當日或次日進場逢低加倉買進籌碼。之後，主力機構展開急速拉升行情，連續拉出三個漲停板，漲幅相當可觀。

8月6日，該股漲停開盤，收出一根假陰真陽錘頭線（高位錘頭K線又稱作上吊線、吊頸線），漲幅9.09％，成交量較前一交易日放大2倍多，顯露主力機構利用漲停開盤、打開漲停板、盤中展開高位震盪等手法，吸引跟風盤進場，以趁機大量出貨的意圖。

此時，股價遠離30日均線且漲幅大，KDJ等部分技術指標開始走弱，盤面弱勢特徵顯現。面對這種情況，投資者如果還有籌碼沒有出完，次日應該逢高清倉。

8月9日，該股跌停開盤，收出一根假陽真陰倒錘頭K線（高位倒錘頭K線又稱作射擊之星、流星線；看到高位假陽真陰，千萬小心），收盤漲幅－9.72％，成交量較前一交易日略有萎縮，主力機構展開急速下跌。8月13日是廈工股份下跌行情的第五個交易日，跌勢趨緩，但股價已經跌到之前急速拉升時漲幅的一半多，短期仍繼續看跌。

圖1-19（見下頁）是五礦發展2022年6月15日收盤時的K線走勢圖，可以看出該股在2021年9月下旬前有過一大波上漲，股價從2020年5月25日最低價5.89元上漲至2021年9月24日最高價13.19元，然後展開震盪回檔洗盤行情。

2022年4月20日，主力機構開始展開挖坑（打壓股價）洗盤，至4月27日的最低價6.66元止穩，挖坑結束，此時成交量極度萎縮，週轉率只有0.90％。隨後該股展開強勢整理（盤升）行情，主力機構收集籌碼。K線走勢紅多綠少、紅肥綠瘦，成交量由萎縮到溫和放大。

5月30日，該股開高，收出一個大陽線漲停板，突破前高（大致到坑口處），成交量較前一交易日放大7倍多，形成大陽線漲停K線形態。此時，短期均線呈多頭排列，MACD、KDJ等技術指標走強，股價的強

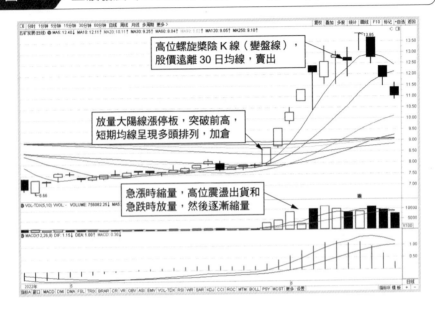

圖1-19 五礦發展（600058）2022年6月15日的K線走勢圖

勢特徵已經相當明顯，後市持續快速上漲的機率大。面對這種情況，投資者可以在當日搶漲停板，或是在次日進場，擇機加倉買進籌碼。之後主力機構展開急速拉升行情。

6月9日，該股開低，股價衝高回落，收出一根長上下影線螺旋槳陰K線（高位螺旋槳K線又稱作變盤線、轉勢線），收盤漲幅－2.02％，成交量較前一交易日略有萎縮，當日股價向下跌（刺）破5日均線收回，加上前一交易日收出的高位錘頭線，顯示主力機構已經展開始高位震盪調整出貨。

此時，股價遠離30日均線且漲幅大，KDJ等部分技術指標開始走弱，盤面弱勢特徵顯現。面對這種情況，投資者如果還有籌碼沒有出完，次日應該逢高清倉。

6月13日，該股大幅開低，股價回落，盤中一度跌停，收出一根大陰線，收盤漲幅－7.94％，成交量較前一交易日明顯放大，展開急速下

跌走勢。6月15日是五礦發展下跌行情的第三個交易日，當日股價繼續向下跳空開低，收出一根大陰線，收盤漲幅－7.02％，跌勢趨緩，但後市仍繼續看跌。

$\textcircled{\$}$ 邊拉邊出

量價特徵表現為成交量比較均勻穩定，整體呈現縮量狀態，見頂當天股價衝高回落放量。邊拉邊出是主力機構將目標股票的股價拉至預想價位後，繼續向上推升股價，但在推升過程中，以大單出、小單托（或小單進）的方式悄悄出貨，既可以保持股價穩定（略有上漲），又能淡化市場的風險意識，誘使投資者堅定持股，並自願進場買進主力機構派發的籌碼。

這是主力機構最隱蔽、最狡猾的出貨方式，直到股價見頂或是出現快速大幅下跌時，投資者才恍然大悟。以下以寶泰隆（601011）和海汽集團（603069）為例，進行說明。

圖1-20（見下頁）是寶泰隆2021年9月27日收盤時的K線走勢圖，可以看出該股前期已經展開過多波上漲行情。在此之前，股價從2020年4月28日最低價3.03元，震盪盤升至2021年3月18日最高價4.95元，然後展開下跌調整和橫盤震盪（挖坑）洗盤吸籌行情，至7月2日最低價4元止穩，主力機構開始緩慢向上推升股價，該股成交量溫和放大。

7月20日，該股開低，收出一根大陽線，突破前高（坑沿），成交量較前一交易日放大近2倍。此時，均線呈多頭排列，MACD等技術指標走強，股價的強勢特徵已經顯現，後市持續上漲的機率大。面對這種情況，投資者可以在當日或次日進場，逢低買進籌碼。之後主力機構展開震盪上漲行情。

8月31日，該股開低，股價衝高回落，收出一顆陰十字星，（高位或相對高位十字星又稱作黃昏之星），成交量較前一交易日萎縮，明顯是主力機構利用高位震盪調整出貨。面對這種情況，投資者如果還有籌碼沒有出完，次日要逢高賣出。

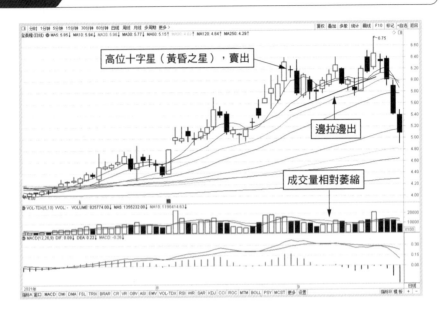

圖1-20 寶泰隆（601011）2021年9月27日的K線走勢圖

此後，寶泰隆在高位展開震盪整理行情，主力機構對敲（對倒）出貨，尤其是9月17日，透過對敲（對倒）將股價推升至漲停板，透過漲停、打開漲停板的方式，引誘跟風盤進場接盤，實現其短期操盤獲利的目標。

9月27日，是寶泰隆大幅下跌行情的第三個交易日，當日該股繼續跳空開低，收出一根大陰線，收盤漲幅−6.10％，後市仍繼續看跌。

圖1-21是海汽集團2022年7月5日收盤時的K線走勢圖，可以看出該股2020年8月中旬前有過一波大漲行情。在此之前，股價從2020年8月10日最高價68.22元，一路震盪下跌至2022年4月27日最低價9.55元止穩，下跌時間長且跌幅大，期間有過多次幅度較大的反彈。下跌後期，主力機構利用反彈和震盪整理，收集不少籌碼建倉。

在股價止穩後，該股展開強勢整理行情，主力機構繼續收集籌碼。K線走勢紅多綠少、紅肥綠瘦，成交量溫和放大。

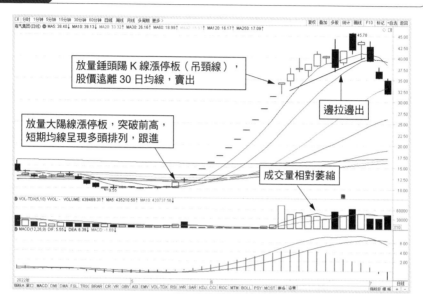

圖1-21　海汽集團（603069）2022年7月5日的K線走勢圖

5月12日，該股開低，收出一個大陽線漲停板，突破前高，成交量較前一交易日明顯放大，形成大陽線漲停K線形態。此時，短期均線（除了20日均線之外）呈現多頭排列，MACD、KDJ等技術指標走強，股價強勢特徵已經顯現，後市繼續上漲的機率大。面對這種情況，投資者可以在當日或次日進場，逢低買進籌碼。

5月13日，該股大幅跳空開高（向上跳空5.87％開盤），收出一顆假陰真陽十字星（低位或相對低位十字星又稱作早晨之星、希望之星；低位或相對低位的假陰真陽可謂黃金萬兩），正是投資者進場加倉買進籌碼的好時機。

當日成交量較前一交易日明顯放大，留下向上跳空突破缺口，收盤漲幅5.25％，盤面強勢特徵相當明顯。之後，主力機構以連續一字漲停板的方式，大幅向上拉升股價。

6月14日，海汽集團大幅跳空開高（向上跳空9.08％開盤），收出

一個長下影線錘頭陽K線漲停板（高位錘頭線又稱作上吊線、吊頸線），成交量較前一交易日放大6倍多，明顯是主力機構利用大幅開高、盤中高位震盪、漲停及封回漲停板的手法，吸引跟風盤進場，並展開大量出貨。

此時，股價遠離30日均線且漲幅大。面對這種情況，投資者如果還有籌碼沒有出完，次日應該逢高賣出。此後該股在高位展開震盪盤升行情，主力機構對敲（對倒）出貨，大致實現獲利目標。

7月5日是海汽集團大幅下跌行情的第三個交易日，當日股價繼續跳空開低，收出一根大陰線，收盤漲幅－9.79％，後市仍繼續看跌。

💲 高位平台出貨

量價特徵表現為拉升末期量增價平，即成交量放大，股價大致持平，反映主力機構調整建構平台時出貨量較大，然後逐步轉入價平量縮，即股價持平，成交量呈現萎縮狀態，反映高位買盤逐漸不足。

平台出貨期間成交量整體呈現縮量狀態，給投資者一種高位震盪整理的盤感，看似洗盤的特徵很容易誤導、傷害投資者。以下以華聯綜超（600361）和神思電子（300479）為例。

圖1-22是華聯綜超2021年9月27日收盤時的K線走勢圖。在此之前，股價從2020年7月10日最高價5.87元（前期相對高位），一路震盪下跌，至2021年2月4日最低價3.41元止穩，雖然下跌時間不長，但跌幅較大。

在股價止穩後，主力機構快速推升股價，收集籌碼，然後該股展開橫盤震盪（挖坑）洗盤行情。從調整下跌、止跌到橫盤震盪（挖坑）洗盤，歷時整整一年，主力機構洗盤吸籌充分，籌碼鎖定性較好，控盤較到位。

7月20日，該股以平盤開出，收出一顆陽十字星，股價至坑底最低價3.38元止跌回升，展開強勢整理行情，正是投資者進場買進籌碼的最好時機。從8月9日開始，主力機構以一字漲停板的方式，開啟直線拉升

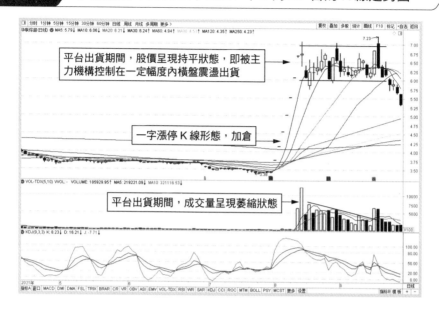

圖1-22　華聯綜超（600361）2021 年 9 月 27 日的 K 線走勢圖

行情，連續拉出六個一字板，一個小T字板，漲幅巨大。

　　8月18日，該股跳空開高，股價衝高至當日最高價7.08元再回落，收出一顆帶長上下影線的陽十字星（高位或相對高位十字星又稱作黃昏之星），成交量較前一交易日放大近2倍，明顯是主力機構利用開高、盤中拉高的手法引誘跟風盤進場，並趁機出貨。此時，股價遠離30日均線且漲幅大。面對這種情況，投資者如果還有籌碼沒有出完，次日應該逢高賣出。

　　8月19日開始，主力機構將股價控制在一定幅度內，以橫盤震盪整理的方式，慢慢減倉出貨，成交量呈現逐漸萎縮的狀態。由於橫盤震盪整理平台出貨沒有出現明顯的見頂特徵，隱蔽性和欺騙性極強，給人一種調整洗盤蓄勢待發的錯覺，而在不知不覺間，主力機構把手中的籌碼派發給投資者。

　　9月15日，該股開高，股價衝高回落，收出一根略帶上影線的烏雲

蓋頂大陰線（常見的看跌反轉訊號），成交量較前一交易日略有萎縮，主力機構高位平台震盪出貨結束，股價開始下跌，同時也預示主力機構對目標股票的階段性操盤任務大致完成。面對這種情況，投資者如果還有籌碼沒有出完，次日要逢高清倉。

9月27日是從平台下跌的第六個交易日，華聯綜超的股價跌到之前一字漲停拉升漲幅的將近一半，後市仍繼續看跌。

圖1-23是神思電子2021年7月28日收盤時的K線走勢圖。在此之前，該股從2020年10月26日最高價21.94元（前期相對高位），一路震盪下跌，至2021年2月8日最低價9.80元止穩，雖然下跌時間不長，但跌幅大。股價止穩後，主力機構展開震盪盤升（挖坑）洗盤吸籌行情。

6月25日，該股開低，收出一根小陰線，股價探至最低價12.01元止穩，當日週轉率為2.03％，成交量較前一交易日大幅萎縮，表示挖坑洗盤吸籌行情結束，大膽的投資者可以在當日進場買進籌碼。

6月28日，該股開低，收出一根大陽線（漲幅15.83％），突破前高，成交量較前一交易日放大5倍多，股價向上突破5日、10日、20日和30日均線（一陽穿四線），60日、90日和120日均線在股價下方向上移動，250日均線在股價上方下行，均線形成蛟龍出海形態。

此時，均線（除了250日均線之外）呈多頭排列，MACD、KDJ等技術指標已經走強，股價的強勢特徵非常明顯，後市持續快速上漲的機率大。面對這種情況，投資者可以在當日或次日積極進場，逢低加倉買進籌碼。之後，主力機構快速向上拉升股價。

7月5日，該股以平盤開出，收出一顆陰十字星（高位或相對高位的十字星又稱作黃昏之星），成交量較前一交易日略萎縮。此時，股價遠離30日均線且漲幅大，KDJ等部分技術指標走弱，盤面弱勢特徵已經顯現。面對這種情況，投資者如果還有籌碼沒有出完，次日要逢高賣出。之後主力機構將股價控制在一定幅度內，以橫盤震盪整理的方式，慢慢減倉出貨，成交量呈現逐漸萎縮的狀態。

7月13日，該股開低，股價衝高回落，收出一根長上影線假陽真陰十字星（高位或相對高位十字星又稱作黃昏之星；看到高位假陽真陰，

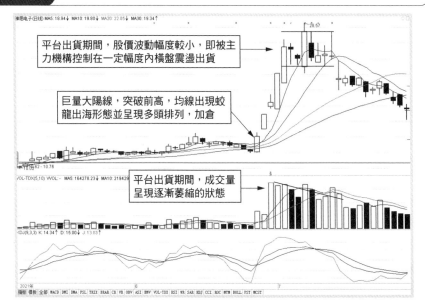

図1-23　神思電子（300479）2021 年 7 月 28 日的 K 線走勢圖

千萬小心）。成交量較前一交易日明顯放大，預示主力機構高位平台出貨大致結束，下跌行情即將展開，同時也預示主力機構對目標股票的階段性操盤任務大致完成。面對這種情況，如果投資者還有籌碼沒有出完，次日一定要逢高清倉。

　　7月28日是從平台下跌的第十一個交易日，神思電子的股價已經差不多跌回起點，此時短期均線呈空頭排列，後市繼續看跌。

第 2 章

築底末期量價戰法：
趁主力吸籌建倉，奠定獲利基礎

本章概述

　　築底指的是大盤或個股形成底部的過程。當大盤或個股經歷一段大幅下跌或階段性下跌後，成交變少，量能萎縮。這時候，一些投資者開始進行試探性的吸籌建倉，底部逐漸形成。個股的築底過程較為複雜，可能因為突發事件導致築底失敗。

　　強勢築底通常是指主力機構在個股經歷長期下跌，觸及底部後開始吸籌建倉，並逐步推升股價的過程。股市有句諺語：「築底需三月，築頂只三天」，透過長時間的反覆築底，個股的底部漸漸抬高，各項技術指標逐漸走強。

　　由於受到主力機構的資金面，以及政策面、市場面、個股基本面等多方因素的影響，加上各個主力機構的操盤手法皆不同，因此目標股票在築底過程中的量價關係，會隨著主力機構操作策略有所差別。

　　舉例來說，築底過程中反覆震盪洗盤吸籌的多重底走勢，量價關係呈現量增價升、量縮價跌的間斷性量價特徵，但整體趨向量縮價平的狀態。長期橫盤震盪洗盤吸籌至末期的挖坑走勢，在橫盤震盪洗盤吸籌期間顯現量縮價平的特徵，挖坑期間則呈現量縮價跌的狀態。這些強勢築底量價關係的形成，都預示個股走勢即將突破上行。

2-1 【溫和放量、底部逐漸抬高①】 個股走出底部逐步上揚， 展現主力吸籌建倉

　　溫和放量、底部逐漸抬高，指的是隨著成交量逐步放大，股價同步上漲的量價配合關係。成交量溫和放大，必定推動個股走出底部，並逐步上行。這種量增價漲的關係，在股價長期下跌至底部止跌回穩（又稱作止穩）後出現，是主力機構進場吸籌建倉的具體表現。

　　由於個股下跌時間和幅度不一，以及主力機構的操盤策略不同，主力機構吸籌建倉的程度會使個股溫和放量、底部逐漸抬高後的走勢也有所差異。

　　溫和放量、底部逐漸抬高，通常預示個股即將上漲，但整體走勢較複雜。下跌時間長且跌幅較大的個股，溫和放量、底部逐漸抬高後，若主力吸籌充分，隨著成交量持續放大，可能會走出一波不錯的反彈（上漲）行情。

　　然而，有些個股雖然溫和放量、底部逐漸抬高，可能僅是主力機構在試探性建倉，或許會出現短暫的小幅上漲行情，但還會震盪回檔，並展開橫盤震盪洗盤吸籌行情。

　　此外，有些個股出現溫和放量、底部逐漸抬高，可能是主力機構的試盤動作，若市場趨勢好，主力機構會繼續向上推升股價，若市場趨勢不好，主力機構會迅速反手打壓股價，然後在更低的位置進一步收集籌碼，再現溫和放量、底部逐漸抬高的走勢。

　　對於溫和放量、底部逐漸抬高的個股，投資者應抱持積極樂觀的態度。無論個股是止穩後的反彈或持續上漲，還是主力機構的試盤，都表示市場正在回暖，是重要的強勢量價關係。投資者可以將其作為尋找強

圖2-1　雙鷺藥業（002038）2021年5月14日的K線走勢圖

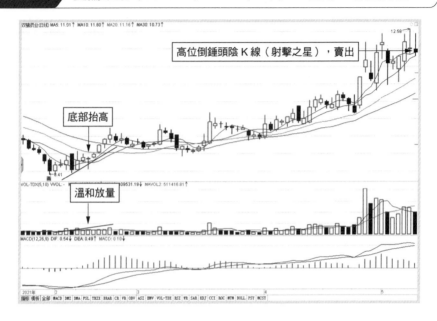

高位倒錘頭陰K線（射擊之星），賣出

底部抬高

溫和放量

勢牛股的參考，逢低進場買進部分籌碼，並按照短線操作的思路操作。

個股歷經長期震盪下跌，止穩後溫和放量、底部逐漸抬高，代表主力機構正在進場吸籌建倉，這是明確的做多訊號。若成交量持續放大，伴隨股價穩步上漲，說明越來越多的投資者進場買進股票，並且個股的走勢正逐漸步入量增價漲的良性上升趨勢，後市股價有望持續上漲。

主力機構的操盤策略通常會邊拉邊洗邊吸，以確保個股整體走勢保持上升趨勢，穩定散戶買進的做多信心。以下以雙鷺藥業（002038）和天安新材（603725）為例。

圖2-1是雙鷺藥業2021年5月14日收盤時的K線走勢圖，可以看出此時該股處於高位下跌後的反彈趨勢中。在此之前，股價從2020年7月15日最高價14.98元（前期相對高位）一路震盪下跌，至2021年1月29日最低價8.41元止穩，雖然下跌時間不長，但跌幅較大。

股價止穩後，主力機構開始吸籌推升股價，個股走勢呈現溫和放

圖2-2　天安新材（603725）2021 年 9 月 1 日的 K 線走勢圖

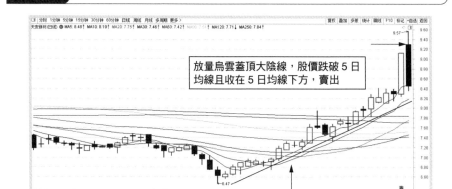

量、底部逐漸抬高的態勢。將股價推升到一定高度後，主力機構採取邊拉邊洗邊吸的操盤手法，維持個股處於上升趨勢，穩定散戶買進的做多信心。面對這種情況，投資者可以在個股底部溫和放量時逢低跟進，先按照短線思路來操作，只要股價在盤升過程中不破30日均線就先持有，等到出現明顯見頂訊號時賣出。

　　5月14日，雙鷺藥業開低，股價衝高回落，收出一根長上影線倒錘頭陰K線（高位倒錘頭K線又稱作射擊之星、流星線），成交量較前一交易日明顯萎縮，加上前一交易日收出的長上影線倒錘頭假陽真陰K線，明顯是主力機構利用盤中拉高吸引跟風盤進場並震盪出貨。此時MACD、KDJ等技術指標開始走弱，盤面弱勢特徵已經顯現。面對這種情況，投資者如果還有籌碼沒有出完，次日要逢高賣出。

　　圖2-2是天安新材2021年9月1日收盤時的K線走勢圖。在此之前，該股從2021年3月5日最高價9.97元（前期相對高位），一路震盪下跌，

至2021年7月28日最低價6.47元止穩，雖然下跌時間不長，但跌幅較大。

股價止穩後，主力機構開始吸籌推升股價，該股走勢呈現溫和放量、底部逐漸抬高的態勢。主力機構採取盤中小幅調整洗盤的手法，維持個股整體處於上升趨勢，穩定散戶買進的做多信心。隨著成交量持續溫和放大，股價穩步上升。面對這種情況，投資者可以在該股底部溫和放量時逢低跟進，等到出現明顯見頂訊號時再賣出。

9月1日，天安新材開高，股價衝高回落，收出一根烏雲蓋頂大陰線（常見的看跌反轉訊號），成交量較前一交易日明顯放大，當日股價跌破5日均線且收在5日均線下方，明顯是主力機構利用開高、盤中衝高的手法吸引跟風盤進場並毫無顧忌地出貨。此時，MACD、KDJ等技術指標開始走弱，盤面弱勢特徵已經顯現。面對這種情況，投資者如果手中還有籌碼沒有出完，次日要逢高賣出。

2-2 【溫和放量、底部逐漸抬高②】 股價回落後開始橫盤震盪，你先逢高賣出再觀察

　　個股止穩後溫和放量、底部逐漸抬高，顯然是主力機構進場吸籌建倉，投資者應以做多心態積極參與。不過，有的主力機構目標遠大，在底部慢慢吸籌將股價推升到一定高度後，會開始回檔洗盤，然後再展開橫盤震盪洗盤吸籌，且震盪幅度可能較大，並伴隨挖坑打壓，以實現高度鎖倉和控盤，減輕後期拉升的壓力，確保獲利最大化。

　　像這種情況，投資者可以在溫和放量、底部抬高，股價達到一定高度，出現短期頭部特徵時先賣出，不參與主力機構的橫盤震盪洗盤行情。但是，要繼續追蹤觀察，待股價出現向上拉升訊號時，及時進場買進籌碼，搭上一段順風車。以下以全信股份（300447）和海倫鋼琴（300329）為例，進行說明。

　　圖2-3（見下頁）是全信股份2021年6月10日收盤時的K線走勢圖。在此之前，該股從2020年10月19日最高價25.98元（前期相對高位）一路震盪下跌，至2021年2月9日最低價10.65元止穩，雖然下跌時間不長，但跌幅大。在股價止穩後，主力機構開始吸籌推升股價，個股走勢呈現溫和放量、底部逐漸抬高的狀態。

　　3月3日，該股大幅開高，股價衝高至當日最高價13.88元再回落，收出一根放量大陰線，主力機構展開回檔洗盤走勢，股價已經上漲至前期下跌密集成交區，投資者可以在當日或次日逢高賣出手中籌碼，然後持續追蹤觀察。

　　3月11日，該股開高，收出一根長下影線小陽線，成交量較前一交易日放大，股價止穩，展開橫盤震盪洗盤吸籌行情，震盪幅度較大。期

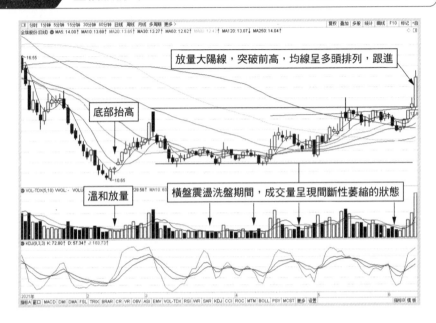

圖2-3　全信股份（300447）2021年6月10日的K線走勢圖

間成交量呈現間斷性萎縮的狀態，股價整體走勢處於上升趨勢。

6月10日，全信股份開低，收出一根大陽線（收盤漲幅8.89％），突破前高和平台，成交量較前一交易日大幅放大。此時，均線（除了120日均線之外）呈多頭排列，MACD、KDJ等技術指標走強，股價的強勢特徵相當明顯，後市股價持續上漲的機率大。面對這種情況，投資者可以在當日或次日進場逢低買進籌碼。

圖2-4是全信股份2021年7月22日收盤時的K線走勢圖，可以看出6月10日該股的確收出一根放量大陽線，突破前高和平台，股價的強勢特徵相當明顯，隨後股價走出一波震盪盤升行情。

7月22日，全信股份開低，股價衝高回落，收出一根螺旋槳陽K線（高位或相對高位的螺旋槳K線又稱作變盤線、轉勢線），成交量較前一交易日大幅萎縮，加上前一交易日收出的螺旋槳陽K線，顯露主力機構利用盤中拉高的手法，吸引跟風盤進場並展開出貨的意圖。面對這種

圖2-4　全信股份（300447）2021年7月22日的K線走勢圖

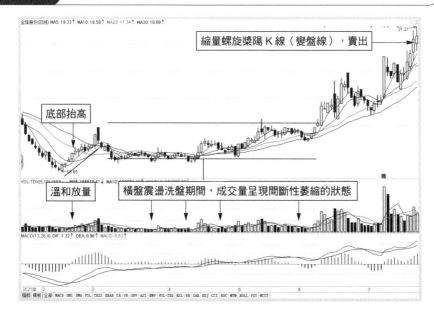

縮量螺旋槳陽K線（變盤線），賣出

底部抬高

溫和放量

橫盤震盪洗盤期間，成交量呈現間斷性萎縮的狀態

情況，投資者如果手中還有籌碼沒有出完，次日應該逢高賣出。

　　從全信股份整個上漲情況來看，自6月10日收出一根放量大陽線（收盤價15.44元），上漲到7月22日收出一根縮量螺旋槳陽K線（收盤價20.58元），漲幅相當不錯。

　　圖2-5（見下頁）是海倫鋼琴2021年7月26日收盤時的K線走勢圖，可以看出此時該股處於高位下跌後的反彈趨勢中。在此之前，股價從2020年11月13日最高價10.40元（前期相對高位）震盪下跌，至2021年2月8日最低價5.46元止穩，雖然下跌時間不長，但跌幅大。股價止穩後，主力機構快速推升股價，收集籌碼，個股走勢呈現溫和放量、底部逐漸抬高的態勢。

　　3月8日，該股開高，股價回落，收出一根中陰線，成交量較前一交易日萎縮，主力機構展開回檔洗盤行情，投資者可以在當天或次日逢高賣出手中籌碼，然後持續追蹤觀察。3月11日，該股開高，收出一根中

圖2-5　海倫鋼琴（300329）2021 年 7 月 26 日的 K 線走勢圖

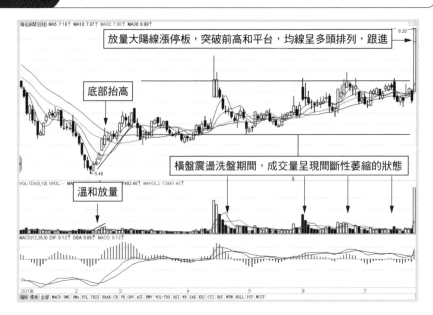

陽線，成交量較前一交易日萎縮，股價止穩，展開橫盤震盪洗盤吸籌行情，震盪幅度較小，期間成交量呈現間斷性萎縮的狀態。

　　4月15日，該股大幅跳空開高，股價衝高至當日最高價7.68元（盤中觸及漲停）回落，收出一根長上影線大陽線，成交量較前一交易日放大11倍多，主力機構展開試盤，隨後繼續橫盤震盪洗盤吸籌走勢，股價整體處於逐步上升趨勢。

　　7月26日，海倫鋼琴跳空開高，收出一個大陽線漲停板（中國為20％的漲幅），突破前高和平台，成交量較前一交易日放大9倍多，形成大陽線漲停K線形態。此時，均線呈多頭排列，MACD、KDJ等技術指標走強，股價的強勢特徵相當明顯，後市持續上漲的機率大。面對這種情況，投資者可以在當日搶漲停板，或在次日進場逢低買進籌碼。

　　圖2-6是海倫鋼琴2021年8月2日收盤時的K線走勢圖，可以看出7月26日該股的確拉出一個放量大陽線漲停板，突破前高和平台，形成大陽

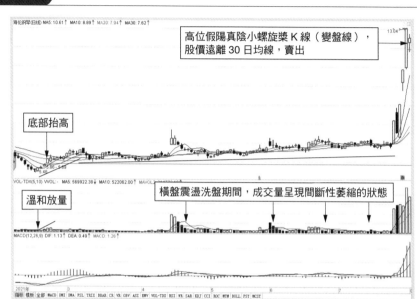

圖2-6　海倫鋼琴（300329）2021 年 8 月 2 日的 K 線走勢圖

線漲停K線形態，股價強勢特徵相當明顯，隨後主力機構展開快速拉升行情。

8月2日，海倫鋼琴大幅跳空開低（向下跳空5.67％開盤），收出一根假陽真陰小螺旋槳K線（高位或相對高位的螺旋槳K線又稱作變盤線、轉勢線；高位假陽真陰，務必小心），成交量較前一交易日萎縮，代表主力機構高位震盪出貨的嫌疑。

此時，股價遠離30日均線且漲幅較大，KDJ等部分技術指標開始走弱，盤面弱勢特徵顯現。面對這種情況，投資者如果手中還有籌碼沒有出完，次日應該逢高賣出。

從海倫鋼琴整個拉升情況來看，自7月26日收出一個大陽線漲停板（收盤價8.20元），上漲到8月2日收出一根假陽真陰小螺旋槳K線（收盤價12.52元），五個交易日的漲幅較大。

2-3 【溫和放量、底部逐漸抬高③】 有可能是主力向上試盤， 多次後即將強勢拉升

　　有少數個股的底部溫和放量，股價上漲到一定高度後，在回檔洗盤、展開橫盤震盪持續洗盤吸籌期間，成交量偶爾會呈溫和放大。儘管股價走高，但並不一定是主力機構的拉升行為，也可能是主力機構展開向上試盤行情，以試探上方的賣壓情況。

　　試盤結束後，主力機構可能會打壓股價吸籌。向上試盤期間，成交量溫和放大，打壓吸籌期間，成交量逐漸萎縮。經過多次向上試盤後，主力機構的強勢拉升即將展開。以下以泰林生物（300813）和英傑電氣（300820）為例。

　　圖2-7是泰林生物2021年7月19日收盤時的K線走勢圖，可以看出此時該股走勢處於高位下跌後的橫盤震盪整理趨勢中。在此之前，股價從2020年8月3日最高價89.97元（前期相對高位），一路震盪下跌，至2021年3月15日最低價38.66元止穩，雖然下跌時間不長，但跌幅大。在股價止穩後，主力機構快速推升股價，收集籌碼，個股走勢呈現溫和放量、底部逐漸抬高的態勢。

　　4月22日，該股開低，股價衝高至當日最高價49.80元再回落，收出一顆陰十字星，主力機構展開回檔洗盤行情，投資者可以在當日回檔時逢高賣出手中籌碼，持續追蹤觀察。

　　5月12日，該股開低，收出一顆陰十字星，股價止穩，主力機構開始推升股價，然後展開橫盤震盪洗盤吸籌行情，震盪幅度較小，成交量呈現間斷性萎縮的狀態。橫盤震盪期間的5月27日、6月21日，主力機構展開向上試盤，試盤後進行打壓股價吸籌，向上試盤期間成交量溫和放

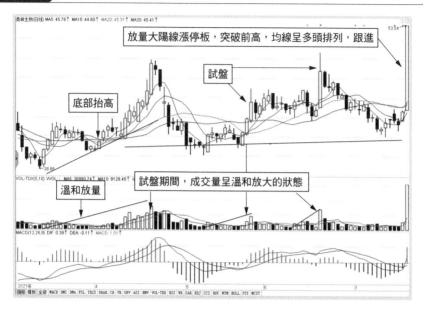

圖2-7　泰林生物（300813）2021 年 7 月 19 日的 K 線走勢圖

大，打壓吸籌期間成交量逐漸萎縮。

　　7月19日，泰林生物跳空開高，收出一個大陽線漲停板，突破前高和平台，成交量較前一交易日放大近6倍，形成大陽線漲停K線形態。此時，均線（除了250日均線之外）呈多頭排列，MACD、KDJ等技術指標走強，股價強勢特徵相當明顯，後市持續快速上漲的機率大。面對這種情況，投資者可以在當日或次日進場尋機買進籌碼。

　　打開當天的分時走勢圖可以看出，該股當天開高後，上半個交易日分時走勢處於橫盤整理狀態，是非常好的進場時機，下午開盤後股價震盪上行，也是不錯的跟進時機。

　　圖2-8（見下頁）是泰林生物2021年7月23日收盤時的K線走勢圖，可以看出7月19日該股的確收出一個放量大陽線漲停板，突破前高和平台，形成大陽線漲停K線形態，均線呈現多頭排列，股價的強勢特徵相當明顯，隨後主力機構正式啟動拉升行情。

圖2-8　泰林生物（300813）2021 年 7 月 23 日的 K 線走勢圖

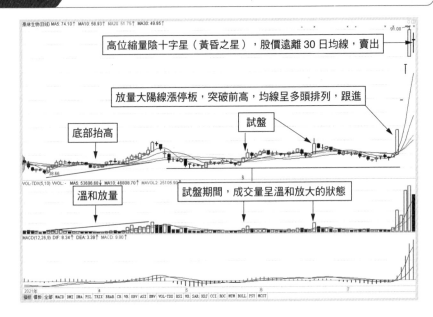

　　7月23日，泰林生物跳空開低，股價衝高回落，收出一顆陰十字星（高位或相對高位十字星又稱作黃昏之星），成交量較前一交易日萎縮，代表主力機構已經展開高位震盪出貨。此時，股價遠離30日均線且漲幅較大，KDJ等部分技術指標開始走弱，盤面弱勢特徵已經顯現。面對這種情況，投資者如果手中還有籌碼沒有出完，次日應該逢高賣出。

　　從泰林生物整個拉升情況來看，自7月19日收出一個放量大陽線漲停板（收盤價53.54元），上漲到7月23日收出一顆陰十字星（收盤價85.88元），漲幅較大。

　　圖2-9是英傑電氣2021年6月21日收盤時的K線走勢圖，可以看出此時該股處於高位下跌後的反彈趨勢中。在此之前，股價從2020年11月5日最高價73.80元（前期相對高位）一路震盪下跌，至2021年2月9日最低價32.55元止穩，下跌時間不長，但跌幅大。股價止穩後，主力機構快速推升股價，收集籌碼，個股走勢呈現溫和放量、底部逐漸抬高。

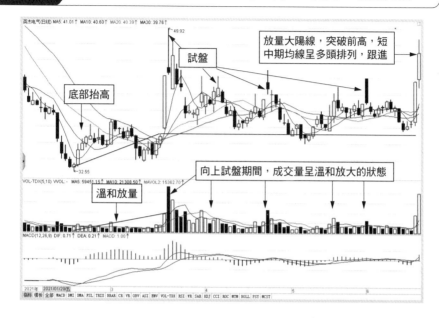

圖2-9　英傑電氣（300820）2021年6月21日的K線走勢圖

　　3月19日，該股跳空開高，股價衝高至當日最高價49.92元再回落，收出一根長上影線假陰真陽倒錘頭K線，主力機構展開回檔洗盤行情，投資者可以在當天調整或次日逢高賣出手中籌碼，持續追蹤觀察，隨後主力機構展開橫盤震盪洗盤吸籌行情，震盪幅度較小，成交量呈現間斷性萎縮的狀態。

　　回檔洗盤以及橫盤震盪洗盤期間的3月19日、4月7日、4月23日、5月21日、6月1日，主力機構多次向上試盤。向上試盤後，主力機構繼續打壓股價吸籌，期間成交量溫和放大，打壓吸籌時成交量逐漸萎縮。

　　6月21日，英傑電氣開高，收出一根大陽線（收盤漲幅7.99％），突破前高和平台，成交量較前一交易日放大2倍多。此時，短中期均線呈多頭排列，MACD、KDJ等技術指標走強，股價的強勢特徵相當明顯，後市持續快速上漲的機率大。面對這種情況，投資者可以在當日或次日進場逢低買進籌碼。

圖2-10　英傑電氣（300820）2021年7月29日的K線走勢圖

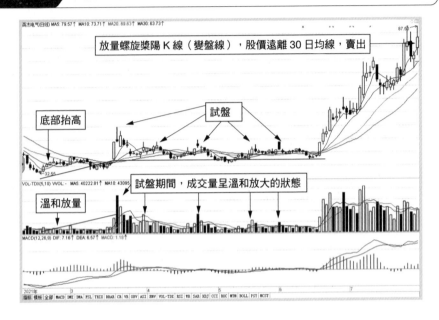

　　圖2-10是英傑電氣2021年7月29日收盤時的K線走勢圖，可以看出6月21日該股的走勢如前所述，收出一根放量大陽線，隨後主力機構展開震盪盤升行情。

　　7月29日，英傑電氣向上跳空開高，收出一根螺旋槳陽K線（高位或相對高位的螺旋槳K線又稱作變盤線、轉勢線），成交量較前一交易日明顯放大，加上前一交易日收出的一根小螺旋槳陽K線，顯示主力機構有高位調整的跡象。此時，股價遠離30日均線且漲幅較大，盤面弱勢特徵開始顯現。面對這種情況，投資者如果手中還有籌碼沒有出完，次日應該逢高賣出，或是持續追蹤觀察。

　　從英傑電氣整個拉升情況來看，自6月21日收出一根放量大陽線（收盤價47.04元），上漲到7月29日收出一根螺旋槳陽K線（收盤價83.20元），二十九個交易日的漲幅相當不錯。

2-4 【溫和放量、底部逐漸抬高④】 主力反手打壓股價來吸籌，你要追蹤觀察

　　有極少數的個股底部溫和放量，股價上漲至一定高度後，主力機構在股價震盪下跌後的橫盤震盪洗盤吸籌期間，若遇到市場趨勢不好，就立刻出手打壓股價，然後在更低的位置收集籌碼，使個股再次出現溫和放量、底部逐漸抬高的走勢。

　　這種類型的個股值得投資者持續關注，等待橫盤震盪洗盤吸籌行情結束，上行方向明確時，再考慮進場。如果在橫盤震盪期間買進，要在主力機構打壓股價前，迅速逢高賣出，而賣出後可以將該股放在自選股中追蹤觀察。以下以粵桂股份（000833）和建科機械（300823）為例，進行說明。

　　圖2-11（見下頁）是粵桂股份2022年1月28日收盤時的K線走勢圖。在此之前，該股股價從2021年9月10日最高價10.16元（前期相對高位）一路震盪下跌，至11月29日最低價6.20元止穩，下跌時間只有2個多月，但跌幅較大。

　　在股價止穩後，該股展開橫盤震盪洗盤吸籌行情，期間成交量呈現間斷性萎縮的狀態。一直到2022年1月14日，由於受大盤震盪下跌、走勢疲軟的影響，主力機構反手打壓股價，該股跳空開低跌破平台，股價繼續展開下跌調整行情。

　　1月28日，粵桂股份開高，收出一根中陽線，成交量較前一交易日略有放大，當日股價探至最低價5.49元止穩。那麼，該股再次止穩後的走勢會是怎樣的呢？

　　圖2-12（見下頁）是粵桂股份2022年4月15日收盤時的K線走勢

圖2-11 粵桂股份（000833）2022 年 1 月 28 日的 K 線走勢圖

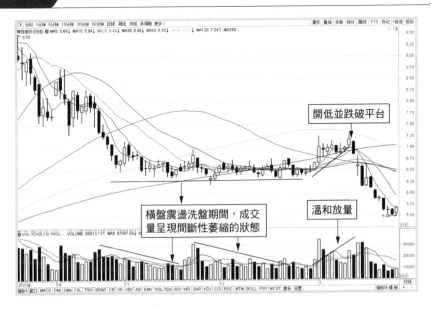

圖 2-11 粵桂股份（000833）2022 年 1 月 28 日的 K 線走勢圖

開低並跌破平台

橫盤震盪洗盤期間，成交量呈現間斷性萎縮的狀態

溫和放量

圖2-12 粵桂股份（000833）2022 年 4 月 15 日的 K 線走勢圖

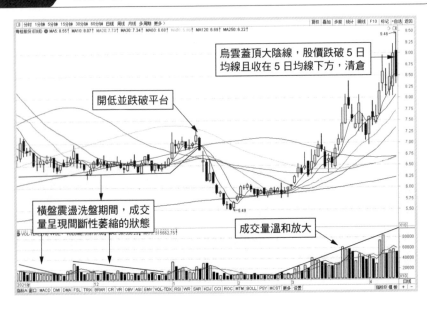

圖 2-12 粵桂股份（000833）2022 年 4 月 15 日的 K 線走勢圖

烏雲蓋頂大陰線，股價跌破 5 日均線且收在 5 日均線下方，清倉

開低並跌破平台

橫盤震盪洗盤期間，成交量呈現間斷性萎縮的狀態

成交量溫和放大

圖，可以看出1月28日該股的確開高收出一根中陽線，當日股價探至最低價5.49元止穩。之後，主力機構連續拉出兩根陽線（一根中陽線和一根大陽線），然後展開強勢整理洗盤吸籌行情。

3月2日，該股向上跳空開高，收出一根大陽線，突破前高和平台，留下向上突破缺口，成交量較前一交易日放大2倍多，形成向上突破缺口K線形態。此時，短期均線呈多頭排列，MACD、KDJ等技術指標走強，股價的強勢特徵相當明顯，後市持續上漲的機率大。面對這種情況，投資者可以在當日或次日進場逢低買進籌碼。

4月15日，粵桂股份開高，股價衝高回落，收出一根實體較長帶上下影線的烏雲蓋頂大陰線（常見的看跌反轉訊號），成交量較前一交易日略萎縮，收盤漲幅－5.90％，股價跌破5日均線且收在5日均線下方，顯示主力機構已展開調整行情。

此時，股價距離30日均線較遠且漲幅較大，MACD、KDJ等技術指標開始走弱，盤面弱勢特徵已經顯現。面對這種情況，投資者如果手中還有籌碼沒有出完，次日應該逢高清倉。

圖2-13（見下頁）是建科機械2021年7月27日收盤時的K線走勢圖，可以看出此時整體走勢處於下跌趨勢中。在此之前，股價從2020年12月4日最高價39.80元（前期相對高位）急速下跌，直到2021年1月14日最低價24.17元才止穩，雖然下跌期間只有二十八個交易日，但跌幅較大。

股價止穩後，主力機構展開橫盤震盪整理行情，期間成交量呈現間斷性萎縮的狀態。4月30日，該股跳空開低跌破平台，橫盤震盪洗盤吸籌行情結束，股價繼續展開下跌調整。

5月11日，該股開高，收出一顆假陰真陽十字量，成交量較前一交易日大幅萎縮，股價止穩，然後繼續展開橫盤震盪整理行情。6月25日，該股跳空開低，收出一根小陰線，成交量較前一交易日萎縮，股價又一次跌破平台，再次展開下跌調整走勢。

7月27日，建科機械以平盤開出，收出一根中陽線（收盤漲幅4.05％），成交量較前一交易日明顯放大，股價止穩。此時大盤走勢以

建科機械（300823）2021年7月27日的K線走勢圖

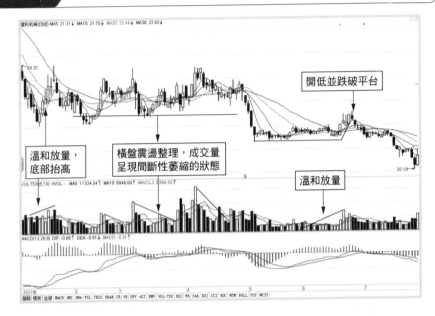

建科機械（300823）2021年9月7日的K線走勢圖

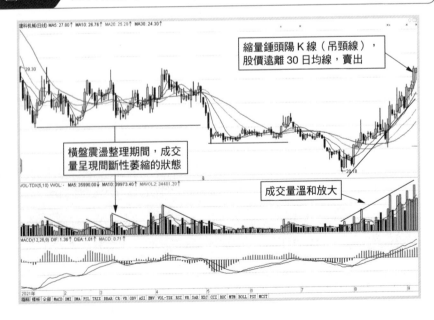

震盪整理為主，漲漲跌跌，讓人難以忍受。那麼，該股再次止穩後的走勢會是如何？

　　圖2-14是建科機械2021年9月7日收盤時的K線走勢圖，可以看出該股7月27日的確以平盤開出，收出一根放量中陽線，當日股價最低探至20.40元止穩，之後主力機構強勢整理三個交易日，終於展開一波較大幅度的反彈走勢。

　　9月7日，建科機械開低，收出一根錘頭陽K線（高位或相對高位的錘頭線又稱作上吊線、吊頸線），成交量較前一交易日萎縮，代表主力機構已經展開高位調整出貨。此時，股價遠離30日均線且漲幅較大。面對這種情況，投資者如果手中還有籌碼沒有出完，次日應該逢高賣出。

2-5 【底部放巨量、股價快速上漲①】
若隨後多次回檔，
是主力為了減輕拉升壓力

　　「底部放巨量、股價快速上漲」，指的是某股票經過長時間的下跌，觸及底部區域後，在某一交易日放出的成交量超過前一交易日的2倍以上，同時股價也快速上揚的一種量價配合關係。

　　在市場趨勢尚好的情況下，如果出現底部放巨量，股價快速上漲，通常被視為一種反轉的訊號，預示後市很可能會出現上漲行情，表現出強勢的量增價漲量價關係。

　　然而，主力機構操盤手經驗豐富、老謀深算，他們的操作往往不按照一般規律進行，底部放出巨量後的股價走勢，並不一定意味著股價會迅速上漲。

　　有時主力機構展開快速吸籌建倉，或進行試盤行為等操作，也可能導致放出巨量，股價短期快速上漲，但這種上漲並不會持續太久，很快就會出現回檔洗盤的情況，甚至返回到原本上漲時的價位。

　　一些跌幅較深的個股經歷較長的下跌時間，在底部放出巨量後，大多數情況下，會迅速展開一波可觀的反彈（上漲）行情。長期處於低位橫盤震盪，且受到主力機構洗盤（包括橫盤震盪後的挖坑打壓洗盤）吸籌較充分的個股，則有可能走出一波大幅度的上漲行情。因此，對於底部放巨量的個股，在操作時應根據不同情況加以區分，謹慎做出決策。

　　個股經過較長時間的震盪下跌，在底部（或相對低位）區域突然放出巨量並向上突破，股價同步快速上漲，投資者應特別關注和區分以下兩種情況。

圖2-15　大勝達（603687）2021 年 8 月 26 日的 K 線走勢圖

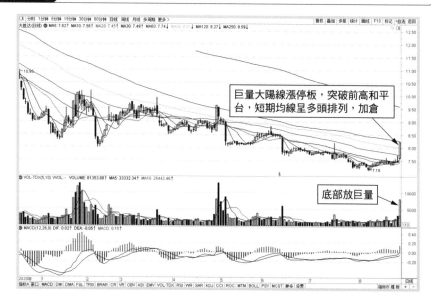

💲 股價快速上漲

　　當底部放巨量，股價快速上漲時，量價特徵表現為量增價升。當個股經歷長時間且幅度較大的震盪下跌，尤其是下跌初期放大量拋售較徹底的個股，止穩後突然放出巨量，往往是主力機構進場建倉的訊號，後市看好，投資者應該積極做多。以下以大勝達（603687）為例。

　　圖2-15是大勝達2021年8月26日收盤時的K線走勢圖，可以看出此時該股走勢處於高位下跌後的強勢反彈中。該股2019年7月26日上市後，上漲至8月8日最高價24.94元，然後一路震盪下跌，至2021年8月6日最低價7.16元止穩，下跌時間長且跌幅大，期間有過多次急跌並放出大量。股價止穩後，主力機構緩慢推升股價，收集籌碼，K線走勢呈現紅多綠少、紅肥綠瘦的態勢。

　　8月26日，大勝達向上跳空開高，拉出一個大陽線漲停板，突破前

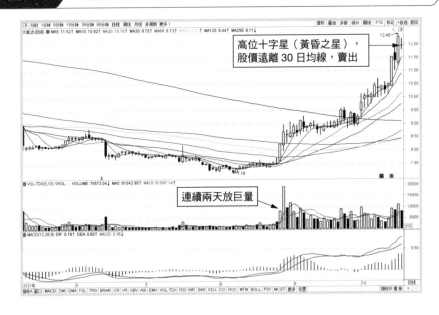

> ### 圖2-16　大勝達（603687）2021年10月26日的K線走勢圖

高位十字星（黃昏之星），
股價遠離30日均線，賣出

連續兩天放巨量

高和平台，成交量較前一交易日放大2.5倍（放巨量），形成大陽線漲停K線形態。此時短期均線呈現多頭排列，MACD、KDJ等技術指標走強，股價強勢特徵相當明顯，後市持續上漲機率大。面對這種情況，投資者可以在當日搶漲停板或在次日進場，尋機加倉買進籌碼，等待股價出現明顯見頂訊號時再賣出。

　　圖2-16是大勝達2021年10月26日收盤時的K線走勢圖，可以看出該股8月26日的確放巨量並收出一個大陽線漲停板，形成大陽線漲停K線形態後，主力機構展開一波震盪向上盤升行情。

　　從該股的上漲走勢來看，主力機構依託5日均線向上推升股價。上漲過程中，展開過兩次較大幅度的回檔洗盤，股價多次向下跌（刺）破10日均線很快收回，10日均線發揮不錯的支撐作用，整個上漲走勢還算順暢。

　　10月26日，大勝達開低，收出一顆陰十字星（高位或相對高位十字

星又稱作黃昏之星），成交量較前一交易日萎縮，代表主力機構已經展開調整出貨。此時，股價遠離30日均線且漲幅較大，KDJ等部分技術指標走弱，盤面弱勢特徵開始顯現。面對這種情況，投資者如果手中還有籌碼沒有出完，次日應該逢高賣出。

從大勝達整個上漲情況來看，自8月26日收出一個巨量大陽線漲停板（收盤價8.23元），到10月26日收出一顆縮量陰十字星（收盤價11.95元），三十七個交易日的漲幅還不錯。

💲 股價快速上漲後回檔

當底部放巨量，股價快速上漲後回檔，量價特徵表現為量增價升轉為量縮價跌。突破時放巨量，回檔時縮量，是主力機構從底部快速推升股價，吸籌建倉，然後展開調整洗盤的常見操盤手法及量價關係。

當個股在底部區域止穩，小幅度整理一段時間，突然放出巨量，股價快速上漲，然後回檔至某均線位置，依託該均線上行。有的個股可能在股價快速上漲期間有過多次回檔，這是因為主力機構在推升股價的過程中，迫於前期（左邊）成交密集區的壓力而展開調整洗盤，同時拉高其他投資者的入場成本，目的是減輕後期拉升的壓力。

在股價回檔至某均線位置並出現止穩訊號時，已經進場買進籌碼的投資者可以考慮加倉，而尚未進場的投資者則應及時進場買進。投資者要珍惜低位回檔的機會，避免在高位開始下跌時才買進。以下以財信發展（000838）為例。

圖2-17（見下頁）是財信發展2021年12月8日收盤時的K線走勢圖，可以看出此時該股整體走勢處於上升趨勢中。在此之前，股價從2019年4月16日最高價5.22元（前期相對高位）一路震盪下跌，至2021年2月4日最低價2.30元止穩，下跌時間長且跌幅大。

股價止穩後，主力機構快速向上推升股價，收集籌碼，然後展開大幅度震盪盤升行情，推升股價，低買高賣，獲利與洗盤吸籌並舉，成交量呈現間斷性放大的狀態。期間主力機構收出六個放量（巨量）大陽線

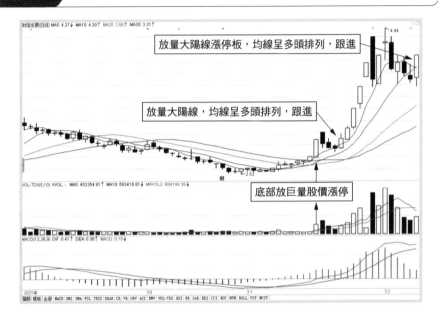

圖2-17　財信發展（000838）2021 年 12 月 8 日的 K 線走勢圖

> 放量大陽線漲停板，均線呈多頭排列，跟進

> 放量大陽線，均線呈多頭排列，跟進

> 底部放巨量股價漲停

漲停板，都屬於吸籌建倉型漲停板。

　　11月16日，該股開低，收出一個大陽線漲停板，突破前高和平台，成交量較前一交易日放大近4倍（巨量），形成大陽線漲停K線形態。次日該股開高回落，收出一根中陰線，主力機構展開回檔洗盤行情，連續強勢調整三個交易日，成交量呈萎縮狀態，正是投資者買進的好時機。

　　11月22日，該股開高，收出一根大陽線，成交量較前一交易日明顯放大，回檔洗盤行情結束，回檔支撐有效。此時，均線（除了120日均線之外）呈現多頭排列，MACD、KDJ等技術指標走強，股價的強勢特徵相當明顯，後市持續上漲的機率大。面對這種情況，投資者可以在當日或次日進場買進籌碼。之後主力機構快速向上拉升股價。

　　11月29日，該股漲停開盤，股價直接回落，收出一根長實體巨量烏雲蓋頂大陰線，成交量較前一交易日大幅放大，主力機構再次展開回檔洗盤行情。

圖2-18　財信發展（000838）2021 年 12 月 21 日的 K 線走勢圖

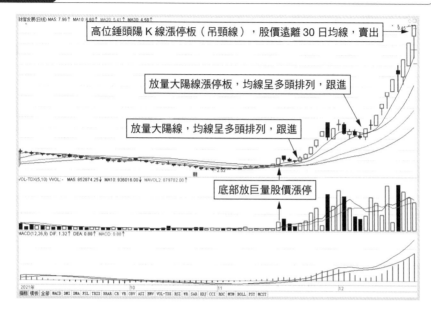

　　12月8日，財信發展開高，收出一個大陽線漲停板，成交量較前一交易日明顯放大，股價拉回5日、10日均線上方止穩，5日、10日均線呈現黃金交叉，回檔洗盤行情結束，回檔確認支撐有效。此時均線（除了5日均線之外）呈多頭排列，MACD、KDJ等技術指標走強，股價強勢特徵相當明顯，後市持續上漲機率大。面對這種情況，投資者可以在當日搶漲停板或在次日買進籌碼，等待股價出現明顯見頂訊號時再賣出。

　　圖2-18是財信發展2021年12月21日收盤時的K線走勢圖，可以看出該股12月8日的確收出一個放量大陽線漲停板，股價回到5日、10日均線上方止穩，回檔走勢確認後，主力機構啟動一波快速拉升行情。

　　從拉升情況來看，主力機構採取交易日內盤中調整洗盤的操盤手法，強勢直線拉升股價，連續拉出十根陽線（12月16日為假陰真陽K線），其中七個漲停板。自11月22日第一次回檔確認（收盤價3.10元）算起，到12月21日股價出現明顯見頂訊號（收盤價9.55元）止，二十二

個交易日的漲幅相當大。

　　12月21日，財信發展開高，收出一根長下影線錘頭陽K線漲停板（高位或相對高位的錘頭線又稱作上吊線、吊頸線），成交量較前一交易日萎縮，代表主力機構利用開高、盤中高位震盪、漲停誘多等操盤手法，吸引跟風盤進場並出貨。

　　此時股價遠離30日均線且漲幅大，KDJ等部分技術指標有走弱跡象，盤面弱勢特徵開始顯現。面對這種情況，投資者如果手中還有籌碼沒有出完，次日應該逢高賣出。

2-6 【底部放巨量、股價快速上漲②】 低位震盪整理後突然放量，可能會有2種變化

　　個股經歷長時間的震盪下跌，在底部（或相對低位）區域止穩後，繼續展開一段較長時間的橫盤震盪整理，構築震盪整理平台，期間成交量呈現縮量狀態，某日突然放出巨量向上突破，股價同步快速上漲。投資者應特別關注以下兩種情況。

💲 低位橫盤震盪整理後放巨量，股價快速上漲

　　當低位橫盤震盪整理後放巨量，股價快速上漲，量價特徵表現為量縮價平轉為量增價升。個股經過長時間的震盪下跌，下跌幅度大，又經過長期的橫盤整理，加上在下跌初期放大量拋售比較徹底，止穩後橫盤震盪整理時突然放出巨量，顯然是因為主力機構看好後市，所以開始大量建倉。

　　投資者在實戰操作中如果發現類似的情況，可以及時進場買進，等待股價出現明顯見頂訊號時再賣出，就能搭上一趟滿載而歸的順風車。以下以聚光科技（300203）為例。

　　圖2-19（見下頁）是聚光科技2021年8月19日收盤時的K線走勢圖，可以看出此時該股走勢處於長時間橫盤震盪整理後的反彈趨勢中。在此之前，股價從2018年1月3日最高價38.07元（前期相對高位）一路震盪下跌，至2021年3月30日最低價11.55元止穩，股價下跌時間長且跌幅大，期間有過多次大幅度的反彈。

　　2021年3月30日股價止穩後，主力機構展開橫盤震盪整理洗盤行

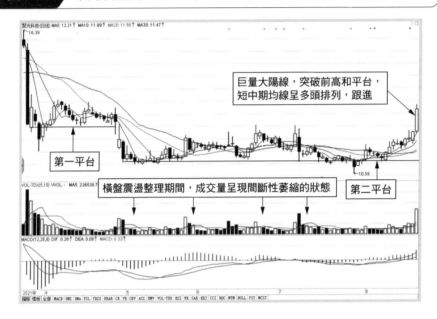

圖2-19 聚光科技（300203）2021年8月19日的K線走勢圖

情，構築第一個短期平台。4月28日，股價跌破平台，再次展開調整下跌洗盤，至4月30日最低價11.07元止穩，繼續展開橫盤震盪整理洗盤行情，構築第二個平台，此次橫盤震盪整理幅度較小，成交量呈現間斷性萎縮的狀態。

主力機構兩次回檔展開橫盤震盪洗盤行情，正是借助大盤走勢低迷的時機，透過多個平台震盪整理，進一步摧毀投資者的持股信心，洗盤吸籌，減輕後期拉升的壓力。

8月19日，聚光科技開高，收出一根大陽線，突破前高和平台，成交量較前一交易日放大2.5倍（巨量）。

此時，短中期均線呈多頭排列，MACD、KDJ等技術指標走強，股價的強勢特徵相當明顯，後市持續上漲的機率大。面對這種情況，投資者可以在當日或次日進場逢低買進籌碼，等待股價出現明顯見頂訊號時再賣出。

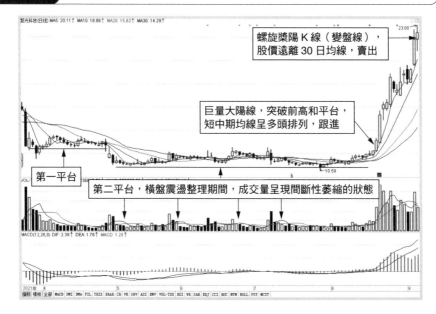

圖2-20　聚光科技（300203）2021 年 9 月 6 日的 K 線走勢圖

圖2-20是聚光科技2021年9月6日收盤時的K線走勢圖，可以看出8月19日該股的確收出一根巨量大陽線，突破前高和平台，短中期均線呈現多頭排列，股價的強勢特徵相當明顯。之後主力機構展開一波快速拉升行情。

從整個拉升情況來看，主力機構採取快速調整洗盤的手法，幾乎是直線向上拉升。十三個交易日就將股價從8月19日的收盤價13.16元，拉升到9月6日的收盤價22.36元，漲幅相當不錯。

9月6日，聚光科技開低，股價衝高回落，收出一根螺旋槳陽K線（高位或相對高位的螺旋槳K線又稱作變盤線、轉勢線），成交量較前一交易日萎縮，顯示主力機構已經展開高位調整出貨。

此時，股價遠離30日均線且漲幅較大，KDJ等部分技術指標有走弱跡象，盤面弱勢特徵開始顯現。面對這種情況，投資者如果手中還有籌碼沒有出完，次日應該逢高賣出，或是持續追蹤觀察。

$ 低位橫盤震盪整理挖坑打壓後放巨量

　　當低位橫盤震盪整理挖坑打壓後放巨量，股價快速上漲時，量價特徵為量縮價平轉成量縮價跌，橫盤震盪整理期間基本上為量縮價平，挖坑期間為量縮價跌。

　　個股經歷一段較長時間的下跌，在橫盤震盪整理期間，主力機構會借助大盤調整的時機，突然挖坑打壓股價，除了進一步洗盤吸籌，減少後期拉升的賣壓，也是為了收集更多的廉價籌碼。

　　挖坑結束止穩，成交量呈溫和放大的狀態，股價慢慢盤升，即將突破坑口時放巨量，股價快速上漲，顯然是主力機構拉升的預兆。投資者在操作中如果發現類似情況的個股，可以及時進場買進籌碼，等待出現明顯見頂訊號時再賣出，不只可以搭上一段愉快的順風車，而且會有不錯的獲利。以下以躍嶺股份（002725）為例。

　　圖2-21是躍嶺股份2021年12月2日收盤時的K線走勢圖，可以看出此時該股處於橫盤震盪整理挖坑打壓後的反彈趨勢中。在此之前，股價從2020年7月14日最高價13.14元（前期相對高位）一路震盪下跌，至2021年2月9日最低價6.36元止穩，股價下跌的時間不長，但跌幅較大。股價止穩後，主力機構開始推升股價，收集籌碼，成交量溫和放大，底部逐漸抬高。

　　3月31日，該股大幅開高，股價衝高回落，收出一根帶長上下影線的假陰真陽螺旋槳K線，成交量較前一交易日大幅放大，主力機構展開回檔洗盤行情。之後該股展開橫盤震盪整理，構築第一個平台。

　　7月15日，該股開低，收出一根大陰線，成交量較前一交易日大幅放大，股價跌破平台，再次展開回檔洗盤行情，至7月28日最低價6.43元止穩，然後再次展開橫盤震盪整理行情，構築第二個平台。

　　9月15日，該股開低，收出一根小陰線，成交量較前一交易日大幅萎縮，股價跌破第二個平台，主力機構開始挖坑打壓股價，繼續洗盤。

　　10月28日，該股以平盤開出，收出一根陰十字星，當日股價探至最低價5.95元止穩，挖坑打壓行情結束。之後，主力機構開始向上推升股

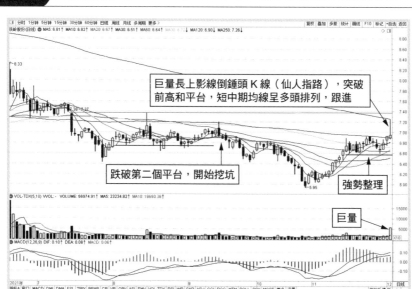

圖2-21　躍嶺股份（002725）2021 年 12 月 2 日的 K 線走勢圖

價，進一步收集籌碼，成交量溫和放大，K線走勢呈現紅多綠少、紅肥綠瘦的態勢。11月15日，主力機構將股價推升至坑口處，再次展開強勢整理洗盤吸籌行情。此時投資者可以進場逢低分批買進籌碼。

　　12月2日，躍嶺股份開低，收出一根長上影線倒錘頭陽K線（個股底部或低位區域出現的長上影線倒錘頭K線，又稱作仙人指路，是強烈的看漲訊號，如配合成交量放大，則看漲訊號更加強烈），股價突破前高和平台，成交量較前一交易日放大3倍多（巨量）。

　　此時，短中期均線呈現多頭排列，MACD等部分技術指標開始走強，股價的強勢特徵已經顯現，後市股價上漲的機率較大。面對這種情況，投資者可以在當日或次日進場逢低買進籌碼，持股待漲，等待股價出現明顯見頂訊號時再賣出。

　　圖2-22（見下頁）是躍嶺股份2021年12月15日收盤時的K線走勢圖，可以看出12月2日該股收出一根巨量長上影線倒錘頭陽K線，突破前

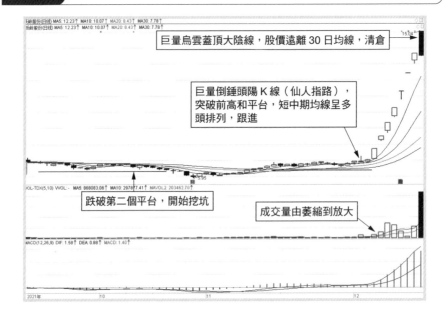

圖2-22 躍嶺股份（002725）2021年12月15日的K線走勢圖

高和平台後，次日主力機構又強勢調整一個交易日，正是投資者進場的好時機。之後，主力機構展開急速拉升行情。

從拉升情況來看，主力機構採取急速拉升的手法，幾乎是直線向上拉升股價，八個交易日連續拉出七個漲停板。股價從12月6日的收盤價7.72元，上漲到12月14日的收盤價13.67元，漲幅相當可觀。

12月15日，躍嶺股份大幅開高（向上跳空9.95％、差1分錢漲停開盤，盤中一度漲停），股價回落，收出一根烏雲蓋頂大陰線（常見的看跌反轉訊號），成交量較前一交易日放大近4倍多（巨量下跌），代表主力機構打算利用大幅開高、盤中漲停、高位震盪的操盤手法，引誘跟風盤進場並大量出貨。

此時，股價遠離30日均線且漲幅大，KDJ等部分技術指標開始走弱，盤面弱勢特徵已經顯現。面對這種情況，投資者如果手中還有籌碼沒有出完，次日應該逢高清倉。

2-7

【底部縮量、股價上漲①】
當做多資金進場、成交量放大，將有反彈行情

底部縮量、股價上漲，指的是當某股票經過長時間的震盪下跌，在底部（或相對低位）區域止穩後，成交量仍然呈現萎縮，但股價卻緩慢上升的一種量價背離關係。這種量價背離通常是暫時的，當場外資金積極進場時，這種關係很快就會被改變。

當個股連續下跌時，空方力量大致已經消耗殆盡，該賣出的已經賣出，該斬倉的已經斬倉，而持股意志非常堅定的少數投資者，不見帳戶翻紅，暫時不會出售。這時賣盤減少，賣壓減輕，市場觀望氣氛濃厚，一小部分資金進場，就能推升股價，抬高底部。

另一方面，這也表示主力機構在個股下跌後期，已開始收集籌碼建倉，此時籌碼鎖定較好，控盤也比較到位，因此在賣壓較少的情況下，股價可以緩慢上升，且不需要太多的成交量。這種底部縮量上漲的持續性值得期待，通常是一個好的預兆，後市可能會出現較大的漲幅，至少有一波較大的反彈。

在股票止穩後，若股票走勢處於低位，賣壓小且成交量延續下跌末期的縮量狀態，但股價緩慢上漲，底部逐漸抬高，這就是底部縮量上漲。如果隨後的做多資金能積極進場，且成交量逐漸放大，將有可能引發一波不錯的反彈（上漲）行情。以下以貴繩股份（600992）為例。

圖2-23（見下頁）是貴繩股份2021年6月7日收盤時的K線走勢圖，可以看出此時該股處於高位下跌後的反彈趨勢中。在此之前，股價從2019年4月18日最高價9.95元（前期相對高位）一路震盪下跌，至2021年2月8日最低價5.28元止穩（當日週轉率僅0.46％），下跌時間較長且

圖2-23　貴繩股份（600992）2021年6月7日的K線走勢圖

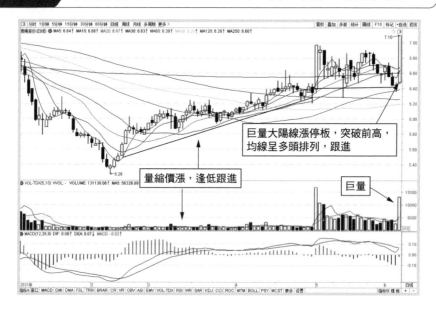

巨量大陽線漲停板，突破前高，均線呈多頭排列，跟進

量縮價漲，逢低跟進

巨量

跌幅較大，期間有過多次較大幅度的反彈。

　　股價止穩後，主力機構開始快速推升股價，收集籌碼，然後展開震盪盤升行情，成交量延續下跌末期的縮量狀態，股價卻緩慢上漲，底部逐漸抬高，K線走勢呈現紅多綠少、紅肥綠瘦的態勢。投資者可以在股價縮量盤升的過程中，進場逢低買進籌碼。

　　5月6日，該股開高，收出一個大陽線漲停板，突破前高，成交量較前一交易日放大近12倍（巨量漲停），形成大陽線漲停K線形態，縮量盤升狀態結束。隨後主力機構展開強勢震盪整理洗盤行情，清洗獲利籌碼，成交量呈現逐漸萎縮的狀態。

　　6月7日，貴繩股份開高，收出一個大陽線漲停板，突破前高，成交量較前一交易日放大5倍多（巨量漲停），形成大陽線漲停K線形態。此時，均線呈多頭排列，MACD、KDJ等技術指標走強，股價的強勢特徵相當明顯，後市股價持續上漲的機率大。面對這種情況，投資者可以在

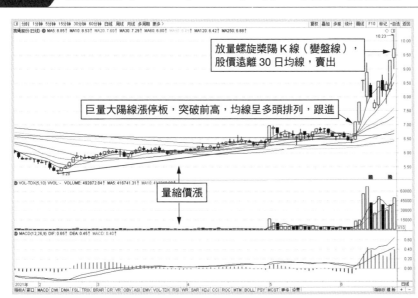

圖2-24 貴繩股份（600992）2021 年 6 月 22 日的 K 線走勢圖

放量螺旋槳陽 K 線（變盤線），
股價遠離 30 日均線，賣出

巨量大陽線漲停板，突破前高，均線呈多頭排列，跟進

量縮價漲

當日搶漲停板或在次日進場尋機買進籌碼，持股待漲，等待股價出現明顯見頂訊號時再賣出。

　　圖2-24是貴繩股份2021年6月22日收盤時的K線走勢圖，可以看出6月7日該股的確收出一個巨量大陽線漲停板，形成大陽線漲停K線形態，股價的強勢特徵相當明顯。之後，主力機構展開一波快速拉升行情。

　　從拉升情況來看，主力機構採取快速拉升的操盤手法，連續拉出兩個漲停板，展開短暫強勢調整後，繼續向上拉升。如果從該個股底部縮量上漲以來的情況看，從2月8日止穩的收盤價5.38元，到6月22日的收盤價9.70元，4個多月的漲幅相當不錯。

　　6月22日，貴繩股份開高，股價衝高回落，收出一根螺旋槳陽K線（高位或相對高位的螺旋槳K線又稱作變盤線、轉勢線），成交量較前一交易日放大，且從該股當天的分時走勢來看，盤中有多次短暫漲停，顯露主力機構利用開高、漲停誘多、高位震盪的操盤手法，吸引跟風盤

進場並在高位出貨的意圖。

　　此時，股價遠離30日均線且漲幅較大，KDJ等部分技術指標開始走弱，盤面弱勢特徵顯現。面對這種情況，投資者如果手中還有籌碼沒有出完，次日應該逢高賣出，或是持續追蹤觀察。

2-8 【底部縮量、股價上漲②】
震盪整理後主力推升股價，成交量間斷性萎縮

　　底部橫盤震盪整理後，股價縮量上漲，是指個股下跌止穩，主力機構短暫推升股價後，馬上展開橫盤震盪整理行情，期間成交量呈現間斷性萎縮的狀態。此後，股價漸漸上漲，成交量在短期內逐漸（或間斷性）萎縮。

　　這種情況的出現是因為主力機構控盤程度較高，加上前期套牢盤沒有獲利，主力機構小幅推升股價，上方幾乎沒有賣壓，所以成交量呈現萎縮狀態。隨著後續做多資金的積極進場，成交量逐步放大，股價逐漸走高，後市將有一波不錯的上漲行情。以下以岳陽興長（000819）為例，進行說明。

　　圖2-25（見下頁）是岳陽興長2021年11月22日收盤時的K線走勢圖，可以看出此時該股走勢處於上升趨勢。在此之前，股價從2017年9月13日最高價19.99元（前期相對高位），一路震盪下跌，至2021年2月4日最低價5.53元止穩，下跌時間長且跌幅大，期間有過多次較大幅度的反彈。股價止穩後，主力機構快速推升股價，收集籌碼。

　　2月23日，該股開高，股價衝高至當日最高價6.40元再回落，收出一根螺旋槳陰K線，之後展開橫盤震盪整理洗盤吸籌行情，期間成交量呈現間斷性萎縮的狀態。

　　7月30日，該股以平盤開出，收出一根大陽線（漲幅4.08%），突破前高，且成交量較前一交易日放大3倍多，橫盤震盪整理洗盤吸籌行情結束。當日股價向上突破5日、10日、20日、30日、60日、90日和120均線（一陽穿七線），250日均線在股價上方下行，均線形成蛟龍出海

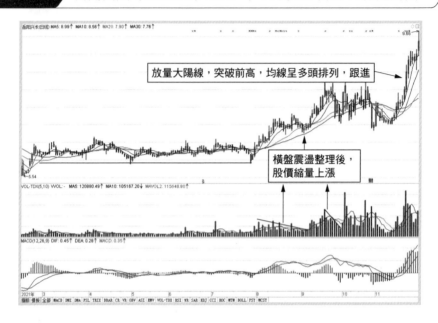

圖2-25　岳陽興長（000819）2021 年 11 月 22 日的 K 線走勢圖

形態。

　　此時，均線（除了250日均線之外）呈現多頭排列，MACD、KDJ等各項技術指標開始走強，股價的強勢特徵比較明顯，後市股價持續上漲的機率大。面對這種情況，投資者可以在當日或次日進場買進籌碼。之後，股價震盪盤升，成交量短期內逐漸（間斷性）萎縮。隨著成交量逐漸放大，股價逐步走高。

　　11月22日，岳陽興長以平盤開出，收出一根大陽線，突破前高，成交量較前一交易日明顯放大。此時，均線呈多頭排列，MACD、KDJ等各項技術指標走強，股價的強勢特徵非常明顯，後市股價持續快速上漲的機率大。面對這種情況，投資者可以在當日或次日進場加倉買進籌碼，等待股價出現明顯見頂訊號時再賣出。

　　圖2-26是岳陽興長2022年1月6日收盤時的K線走勢圖，可以看出該股2021年11月22日收出一根放量大陽線，突破前高，均線呈多頭排列，

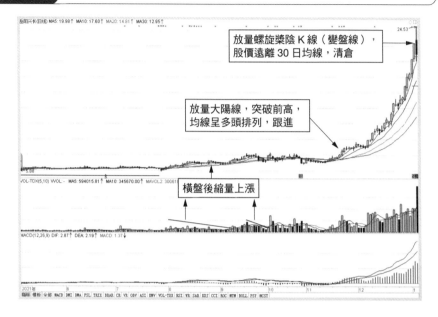

圖2-26　岳陽興長（000819）2022 年 1 月 6 日的 K 線走勢圖

放量螺旋槳陰 K 線（變盤線），
股價遠離 30 日均線，清倉

放量大陽線，突破前高，
均線呈多頭排列，跟進

橫盤後縮量上漲

股價的強勢特徵非常明顯。之後，主力機構展開一波快速拉升行情。

　　從拉升情況來看，主力機構採取快速拉升、短期強勢調整的操盤手法，期間展開三次強勢調整洗盤，除拉升初期的一次四個交易日的強勢調整洗盤時間較長外，其餘兩次都是兩個交易日的快速調整，整個拉升過程幾乎是直線向上。

　　根據該股底部縮量上漲以來的情況，從2021年7月29日橫盤震盪洗盤結束縮量上漲（收盤價6.52元），到2022年1月6日（收盤價20.89元）的漲幅相當可觀。

　　1月6日，岳陽興長開高，股價衝高回落，收出一根螺旋槳陰K線（高位或相對高位的螺旋槳K線又稱作變盤線、轉勢線），成交量較前一交易日放大近2倍。從當天的分時走勢來看，股價盤中一度觸及漲停，然後放量回落跌停，在跌停板上的時間長達一個小時，顯露主力機構利用開高衝高、漲停誘多、震盪回落的操盤手法，吸引跟風盤進場並

出貨的意圖。

　　此時，股價遠離30日均線且漲幅較大，KDJ等部分技術指標開始走弱，盤面弱勢特徵已經顯現。面對這種情況，投資者如果手中還有籌碼沒有出完，次日應該逢高清倉。從該股上市後的K線走勢來看，這是一檔長（強）主力股，可以持續追蹤觀察。

2-9

【底部縮量、股價上漲③】
橫盤震盪後股價突破坑口時，加倉持股待漲

　　底部橫盤震盪整理挖坑後，股價縮量上漲，指的是個股止穩，主力機構短時間內推升股價後，馬上展開橫盤震盪整理洗盤，期間主力機構經常會借助大盤調整的時機，突然挖坑打壓股價，這是為了進一步清洗浮籌，減少後期拉升的賣壓，同時也可以收集更多的廉價籌碼。

　　挖坑結束止穩後，由於賣壓很小，成交量延續之前的縮量形態，主力機構小幅推升，股價便緩慢上漲，成交量在短期內仍呈現緩慢萎縮的狀態。隨著後續做多資金積極進場，成交量逐漸放大，股價逐步上漲。

　　對於在橫盤震盪整理洗盤期間挖坑的個股，投資者可以在挖坑結束止穩後（即坑底），進場買進部分籌碼，在股價突破坑口時再加倉買進，然後持股待漲，等待出現明顯見頂訊號時再賣出，會有不錯的獲益。以下以迦南科技（300412）為例。

　　圖2-27（見下頁）是迦南科技2021年11月29日收盤時的K線走勢圖，可以看出此時該股走勢處於上升趨勢中。在此之前，股價從2020年10月13日最高價17.99元（前期相對高位），一路震盪下跌，至2021年2月8日最低價7.52元止穩，下跌時間不長，但跌幅大。股價止穩後，主力機構快速推升股價，收集籌碼。

　　3月8日，該股開高，股價衝高回落，收出一根放量小陰線，展開橫盤震盪整理洗盤吸籌行情，構築第一個平台，期間成交量呈現間斷性萎縮的狀態。5月19日，該股開低，股價衝高回落，收出一根縮量螺旋槳陰K線，展開橫盤震盪整理洗盤吸籌行情，構築第二個平台，成交量呈現間斷性萎縮的狀態。

圖2-27　迦南科技（300412）2021年11月29日的K線走勢圖

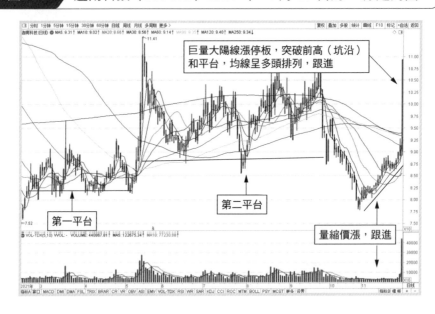

　　9月27日，該股開高，股價衝高至當日最高價10.31元再回落，收出一根大陰線（漲幅－7.16％），主力機構借助大盤連續下跌的機會，開始挖坑打壓股價，股價持續下跌調整。

　　10月29日，該股開高，股價探至最低價7.78元止穩回升，收出一根小陽線，成交量延續之前的縮量形態，主力機構挖坑打壓股價行情結束。之後，主力機構小幅推升股價緩慢上漲，底部逐漸抬高，K線呈現紅多綠少、紅肥綠瘦的態勢，不過成交量在短期內仍然呈現逐漸萎縮的狀態。投資者可以在股價縮量上漲的過程中進場，逢低買進籌碼。

　　11月29日，迦南科技開低，收出一個大陽線漲停板，突破前高（坑沿）和平台，成交量較前一交易日放大5倍多，形成大陽線漲停K線形態。此時均線（除了250日均線之外）呈多頭排列，MACD、KDJ等各項技術指標走強，股價的強勢特徵非常明顯，後市股價持續快速上漲的機率大。面對這種情況，投資者可以在當日搶漲停板，或是在次日進場

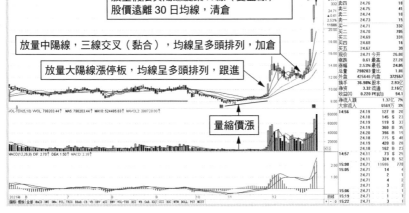

圖2-28 迦南科技（300412）2021年12月31日的K線走勢圖

加倉買進籌碼，持股待漲，等待股價出現明顯見頂訊號時再賣出。

圖2-28是迦南科技2021年12月31日收盤時的K線走勢圖，可以看出11月29日該股的確收出一個巨量大陽線漲停板，突破前高和平台，均線呈多頭排列，股價的強勢特徵非常明顯。次日該股繼續跳空開高，再次拉出一個大陽線漲停板，留下向上突破缺口。

12月1日，該股開高，股價衝高回落，收出一根螺旋槳陽K線（漲幅7.77％），主力機構展開強勢調整洗盤。面對這種情況，只要回檔洗盤不回補11月30日跳空開高留下的向上突破缺口，該股的強勢特徵就不會改變，前期進場的投資者可以持股待漲，而有獲利的投資者可以先逢高賣出，等待股價調整到位後，再將籌碼買回。

12月23日，該股開低，收出一根中陽線，突破前高，股價收在所有均線的上方，成交量較前一交易日明顯放大，強勢調整洗盤結束。此時，5日、10日和20日均線形成交叉（黏合），均線呈多頭排列，MACD、KDJ等各項技術指標開始走強，股價的強勢特徵已經顯現，後市股價持續快速上漲的機率較大。

　　面對這種情況，投資者可以在當日或次日進場加倉買進籌碼，等待股價出現明顯見頂訊號時再賣出。此後，該股展開一波快速拉升行情。

　　從拉升情況來看，主力機構採取直接拉升的操盤手法，連續拉出六根陽線（其中一根為假陰真陽K線），其中有三個大陽線漲停板。如果從該個股底部縮量上漲以來的情況看，自10月29日坑底止穩（收盤價8元）算起，至12月30日（收盤價24.10元），2個月的漲幅相當可觀。

　　12月31日，迦南科技大幅跳空開高（向上跳空7.88％開盤），股價衝高回落，收出一根假陰真陽螺旋槳K線（高位或相對高位的螺旋槳K線又稱作變盤線、轉勢線），成交量較前一交易日明顯放大，顯露主力機構利用開高、盤中拉高、高位震盪的手法，吸引跟風盤進場並趁機出貨的意圖。

　　此時，股價遠離30日均線且漲幅大，KDJ等部分技術指標開始走弱，盤面弱勢特徵已經顯現。面對這種情況，投資者如果手中還有籌碼沒有出完，次日應該逢高清倉。

第 3 章

拉升環節量價戰法：
漲速快且漲幅大，順勢抓牢機會

本章
概述

　　主力機構在經過強勢築底和初期上漲，收集到大部
分的籌碼後，立即展開各種手法的試盤、洗盤，開始調
倉換股、清洗獲利盤，為後續的拉升做好準備。

　　當調整洗盤至極度縮量時，主力機構立即快速拉升
突破，此時個股均線呈現多頭排列，其他各項技術指標
走強，盤面的強勢特徵十分明顯。股價的強勢走勢不斷
吸引其他投資者的關注和跟進，隨著進場資金不斷增
加，個股呈現量增價漲的特徵。

　　在主力機構操盤過程中，拉升環節是非常重要的必
經環節，將造就目標股價的主升階段。如果沒有經過拉
升階段，主力機構很難實現利潤最大化，他們所做的一
切工作，最終目的都是順利拉升出貨，實現獲利。

　　原則上，在拉升環節個股走勢呈現放量迅速上漲的
態勢，但會受到許多因素影響，像是主力機構控盤程
度、操盤手法、資金面、市場面等，而表現各異。

　　比如在大市好、主力機構控盤程度高的情況下，個
股拉升環節可能呈現爆發性連續一字漲停板（T字
板）、縮量直線快速拉升的走勢。若主力機構控盤程度
一般，則可能呈現上漲時放量、調整時縮量的台階式或
波段式（波浪式）逐步拉升的強勢上漲形態。

　　在個股整個走勢中，拉升環節是上漲速度最快、K
線形態最誘人、投資者最不安、上升幅度最大的階段，
往往會走出獨立於大盤的強勢盤面態勢。

3-1 【放量迅速拉升股價①】 上漲初期買進，技術指標出現什麼形態就賣出？

　　放量迅速拉升股價，指的是主力機構拉升個股的過程中，在成交量快速放大的同時（大部分可能是主力機構對敲或對倒所放出），股價同步快速上漲的量價配合關係。這種快速的量增價漲關係，一般會在拉升初期出現，是主力機構為了快速拉高股價，同時吸引市場關注，引誘其他投資者進場搶籌。

　　因為個股初期上漲後調整洗盤程度、主力機構籌碼鎖定和控盤程度、主力機構操盤手法風格都有所差異，放量迅速拉升股價的K線走勢也不盡相同，不過個股快速上升的趨勢不會改變。

　　對於主力機構放量迅速拉升的個股，投資者要樂觀看待，抱持積極且看多做多的心態，如果在前期的調整洗盤過程中沒有逢低買進，可以在個股放量突破關鍵點位，或者在主力機構放量迅速拉升的初期，快速進場買進籌碼，持股待漲，等待個股出現調整特徵或明顯見頂訊號時再賣出。

　　放量迅速拉升股價，是指主力機構在初期上漲行情回落洗盤結束、放量突破關鍵點位後，快速拉升股價的行為。這時的量價關係呈現成交量迅速放大（可能是主力機構對敲或對倒放量），股價同步快速上漲的量價配合。

　　這種快速的量增價漲量價關係，代表拉升行情正式開啟。面對這種情況，投資者可以在目標股票回落洗盤結束止穩、突破關鍵點位、放量迅速拉升的當日或次日進場買進籌碼，持股待漲。以下以亞世光電（002952）為例。

> **圖3-1** 亞世光電（002952）2022年1月7日的K線走勢圖

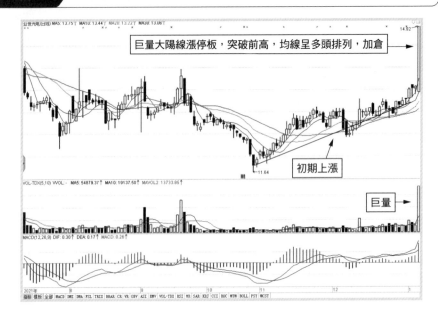

　　圖3-1是亞世光電2022年1月7日收盤時的K線走勢圖，可以看出此時該股走勢處於上升趨勢中。在此之前，股價從2019年7月26日的最高價50.28元（前期相對高位），一路震盪下跌，至2021年10月28日的最低價11.64元止跌回穩（又稱作止穩），下跌時間長且跌幅大，期間有過多次大幅度的反彈。

　　在股價止穩後，主力機構開始推升股價，收集籌碼，展開初期上漲行情。從K線走勢可以看出，股價下跌的後期，主力機構透過小幅反彈、橫盤震盪、打壓股價，已經收集大部分籌碼。此時，K線走勢呈現紅多綠少、紅肥綠瘦的態勢，股價緩慢上漲，底部逐漸抬高。

　　2022年1月7日，亞世光電開低，收出一個大陽線漲停板，突破前高，成交量較前一交易日放大近7倍（屬於巨量突破），形成大陽線漲停K線形態。

　　此時，均線呈多頭排列，MACD、KDJ等技術指標走強，股價的強

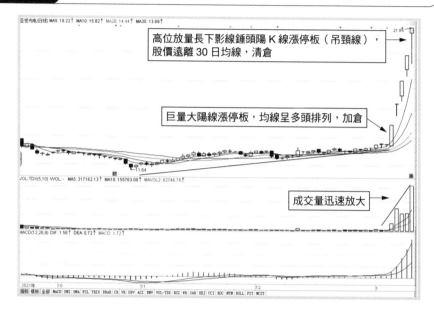

圖3-2　亞世光電（002952）2022 年 1 月 13 日的 K 線走勢圖

> 高位放量長下影線錘頭陽K線漲停板（吊頸線），
> 股價遠離 30 日均線，清倉

> 巨量大陽線漲停板，均線呈多頭排列，加倉

> 成交量迅速放大

勢特徵非常明顯，後市持續快速上漲的機率大。面對這種情況，投資者可以在當日搶漲停板，或在次日進場加倉買進籌碼，等待股價出現明顯見頂訊號時再賣出。

　　圖3-2是亞世光電2022年1月13日收盤時的K線走勢圖，可以看出1月7日該股的確收出一個巨量大陽線漲停板，突破前高，股價的強勢特徵相當明顯。之後主力機構展開一波快速拉升行情。

　　從拉升情況來看，主力機構採取直線拉升、盤中洗盤、迅速拔高的操盤手法，急速向上拉升股價，至1月13日，四個交易日拉出四個漲停板（1月10日為T字漲停板，若投資者前一交易日沒有進場，當日還是有機會買進）。

　　股價則從1月7日開低拉出一個大陽線漲停板、突破前高（收盤價14.92元），上漲到1月13日收出一個長下影線錘頭陽K線漲停板（收盤價21.85元），五個交易日的漲幅非常可觀。

　　1月13日，亞世光電大幅跳空開高（向上跳空8.11％開盤），收出一個長下影線錘頭陽K線漲停板（高位或相對高位的錘頭線又稱作上吊線、吊頸線），成交量較前一交易日放大2倍多，週轉率達到45.36％。

　　從當日分時走勢來看，該股早盤大幅開高後，於9：34衝高漲停，9：37漲停板被大賣單砸開，然後展開高位震盪整理，13：22再次觸及漲停瞬間回落，繼續展開高位震盪整理，尾盤（15：45）封回漲停板至收盤，高位震盪整理時間長、封死漲停板的時間晚，顯露主力機構利用開高、高位震盪、漲停板打開封回等手法，引誘跟風盤進場，並展開大量出貨的意圖。

　　此時，股價遠離30日均線且漲幅大，KDJ等部分技術指標開始走弱，盤面弱勢特徵已經顯現。面對這種情況，投資者如果還有籌碼沒有出完，次日應該逢高清倉。

　　圖3-3是亞世光電2022年1月10日星期一開盤後至9：54的分時截圖。這是該股1月7日收出一個巨量大陽線漲停板、突破前高的次日早盤，當日收出一個T字漲停板。

　　從分時截圖來看，該股當天漲停開盤，9：54有兩筆上萬手的大賣單將漲停板砸開，成交量快速放大。從盤面右邊9：54漲停板剛打開時的成交明細可以看到，成百上千手的賣盤不少。直到10：25，主力機構才封回漲停板，開板時間長達31分鐘。面對這種情況，如果投資者當日想進場，只要在漲停板被打開時快速下單跟進，就能成交。

圖3-3　亞世光電（002952）2022 年 1 月 10 日的分時截圖

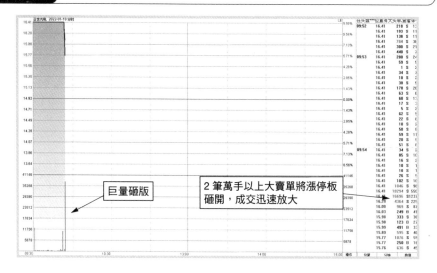

巨量砸版

2 筆萬手以上大賣單將漲停板砸開，成交迅速放大

3-2
【放量迅速拉升股價②】
主力隨後強勢調整，
正是你進場的最佳時機

　　放量迅速拉升股價後強勢調整（洗盤），是指主力機構將個股股價拉升至一定高度而展開的小幅震盪調整（洗盤），為了清洗獲利盤，調倉換股，儲備後續的拉升力量。這種調整屬於拉升途中的強勢調整（洗盤），成交量呈現萎縮狀態。

　　主力機構對個股進行快速連續拉升非常謹慎，即使籌碼鎖定性很好、控盤很到位，在即將拉至前期下跌密集成交區或大勢特別不好的情況下，也會馬上進行調整，透過震盪洗盤來調倉換股，清洗獲利盤，吸引跟風盤，拉高其他投資者入場成本，減輕後期拉升的壓力。此時的調整一般是強勢且短暫的縮量調整，投資者不用擔心，且要利用這種難得的調整機會進場買進籌碼。

　　主力機構調整洗盤意圖實現後，必定再次放量突破前高（平台），快速拉升股價，吸引市場注意，引誘跟風盤。投資者須注意，在目標股票調整至縮量或突破前高（平台）的時後，也正是投資者進場買進或加倉買進籌碼的最佳時機，新的一輪拉升即將展開。以下以雲維股份（600725）和紅日藥業（300026）為例。

　　圖3-4是雲維股份2021年8月27日收盤時的K線走勢圖，可以看出此時該股走勢處於上升趨勢中。在此之前，股價從2019年4月18日的最高價3.89元（前期相對高位），一路震盪下跌，至2021年1月11日最低價1.41元止跌回升，下跌時間長且跌幅大，期間有過多次幅度較大的反彈。股價止穩後，主力機構快速推升股價，收集籌碼，然後展開初期上漲行情，成交量逐漸放大。

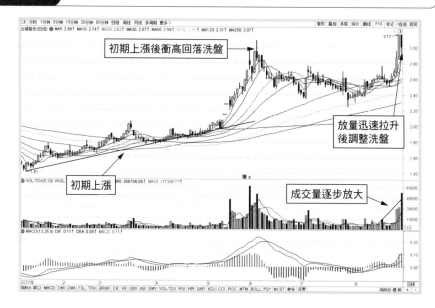

圖3-4　雲維股份（600725）2021 年 8 月 27 日的 K 線走勢圖

　　6月4日，該股以平盤開出，股價衝高至當日最高價3.09元再回落，收出一根長上影線倒錘頭陰K線，展開初期上漲行情後的回檔洗盤吸籌行情，成交量呈現逐漸萎縮的狀態。

　　7月28日，該股開低，收出一根長下影線錘頭陰K線（當日股價曾探至最低價2.25元），股價止穩，回檔洗盤吸籌行情結束。此時投資者可以考慮進場買進籌碼。之後主力機構開始向上推升股價。

　　8月23日，該股開高，收出一根中陽線（漲幅為3.12％），突破前高，成交量較前一交易日明顯放大。當日股價向上突破5日、10日和60日均線（一陽穿三線），20日、30日、90日、120日和250日均線在股價下方向上移動，均線形成蛟龍出海形態。

　　此時均線呈多頭排列，MACD、KDJ等技術指標開始走強，股價的強勢特徵已經顯現，股價快速上漲的機率較大。面對這種情況，投資者可以在當日或次日進場買進籌碼，持股待漲。此後主力機構快速向上拉

升股價，成交量逐步放大。

8月27日，雲維股份以平盤開出，股價直接回落，收出一根實體較長的陰K線，成交量較前一交易日明顯放大，展開迅速拉升後的強勢調整洗盤，因為股價已拉升至2019年6月18日下跌以來的密集成交區。

此時，該股整體走勢仍處於上升趨勢，短中長期均線呈現多頭排列，其他各項技術指標走強，股價強勢特徵仍非常明顯。面對這種情況，主力機構雖然拉升四個交易日，但股價不高，只要調整洗盤無法有效跌破5日均線，就不必驚慌，可繼續持股待漲。

圖3-5是雲維股份2021年9月9日收盤時的K線走勢圖，可以看出8月27日該股的確收出一根實體較長的放量陰K線，展開強勢調整洗盤。8月30日、31日，股價又連續強勢調整兩個交易日，成交量大幅萎縮。

9月1日，該股跳空開高，收出一根大陽線，突破前高，成交量較前一交易日放大2倍多，強勢調整洗盤行情結束。此時，均線呈多頭排列，MACD、KDJ等技術指標走強，股價的強勢特徵非常明顯，後市持續快速上漲的機率大。面對這種情況，投資者可以在當日或次日進場加倉買進籌碼，等待股價出現明顯見頂訊號時再賣出。之後，主力機構快速向上拉升股價。

從拉升情況來看，主力機構採取直線拉升、盤中洗盤、迅速拔高的操盤手法，急速向上拉升股價，至9月8日，五個交易日拉出五根陽線，其中有三個漲停板。股價從9月1日開高收出一根大陽線突破前高、強勢調整洗盤行情結束（收盤價3.25元），上漲到9月8日收出一個錘頭陽K線漲停板（收盤價4.58元），漲幅非常大。

9月9日，雲維股份大幅開高（向上跳空7.64％開盤），股價衝高回落，收出一根假陰真陽螺旋槳K線（高位或相對高位的螺旋槳K線又稱作變盤線、轉勢線），成交量較前一交易日放大近4倍。

從當日分時走勢來看，該股早盤大幅開高後，於9：31衝高漲停，瞬間被大賣單砸開，成交量急速放大。9：33封回漲停板，9：36漲停板再次被大賣單砸開，然後股價震盪回落至收盤，收盤漲幅1.53％，顯露主力機構利用大幅開高、漲停板打開封回再打開、高位震盪等手法，引

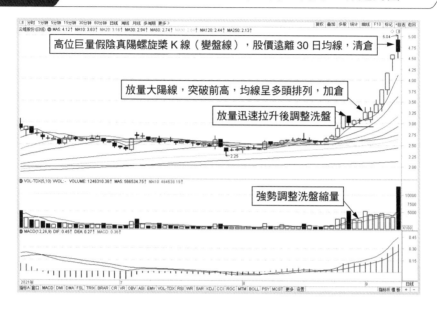

圖3-5 雲維股份（600725）2021年9月9日的K線走勢圖

誘跟風盤進場並大量出貨的意圖。

　　此時，股價遠離30日均線且漲幅大，KDJ等部分技術指標開始走弱，盤面弱勢特徵已經顯現。面對這種情況，投資者如果還有籌碼沒有出完，次日應該逢高清倉。

　　圖3-6（見下頁）是紅日藥業2021年12月28日收盤時的K線走勢圖，可以看出此時該股走勢處於上升趨勢中。在此之前，股價從2020年4月21日的最高價8.36元（前期相對高位），一路震盪下跌，至2021年2月4日的最低價3.74元止穩，下跌幅度大，但時間不長，期間有過一次較大幅度的反彈。股價止穩後，主力機構開始快速推升股價，然後該股展開初期上漲行情，成交量逐漸放大，股價震盪盤升，震盪幅度較大。

　　8月5日，該股開低，股價衝高至當日最高價5.28元再回落，收出一根長上影線陰十字星，展開初期上漲行情後的回檔洗盤吸籌行情，成交量呈現逐漸萎縮的狀態。

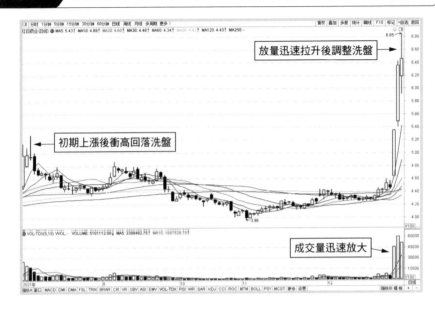

圖3-6　紅日藥業（300026）2021年12月28日的K線走勢圖

放量迅速拉升後調整洗盤

初期上漲後衝高回落洗盤

成交量迅速放大

　　11月2日，該股以平盤開出，收出一根中陰線（當日股價探至最低價3.96元），股價止穩，回檔洗盤吸籌行情結束。此時投資者可以考慮進場買進籌碼。之後主力機構開始向上推升股價。

　　12月24日，該股跳空開高，收出一個大陽線漲停板，突破前高，留下向上跳空突破缺口，成交量較前一交易日放大近9倍（屬於巨量漲停），形成大陽線漲停K線形態。此時均線呈現多頭排列，MACD、KDJ等技術指標走強，股價強勢特徵非常明顯，後市持續快速上漲機率大。面對這種情況，投資者可以在當日或次日進場加倉買進籌碼。之後主力機構向上快速拉升股價。

　　12月27日，該股繼續跳空開高，收出一根大陽線，收盤漲幅18.69％，留下向上跳空缺口，成交量較前一交易日明顯放大。

　　12月28日，紅日藥業開低，股價衝高回落，收出一根螺旋槳陽K線，成交量較前一交易日萎縮，展開迅速拉升後的強勢調整洗盤吸籌行

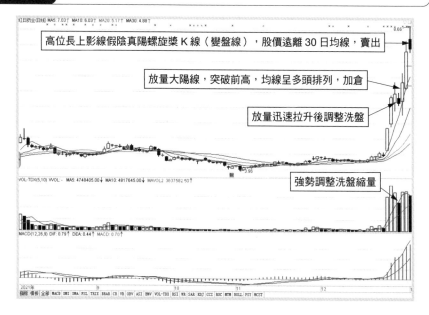

圖3-7　紅日藥業（300026）2022年1月4日的K線走勢圖

高位長上影線假陰真陽螺旋槳K線（變盤線），股價遠離30日均線，賣出

放量大陽線，突破前高，均線呈多頭排列，加倉

放量迅速拉升後調整洗盤

強勢調整洗盤縮量

情，因為股價已拉升至2020年9月7日下跌以來的密集成交區。

此時該股仍處於上升趨勢中，短中長期均線呈多頭排列，其他各項技術指標走強，股價強勢特徵仍非常明顯。面對這種情況，雖然兩個交易日的漲幅已達近40％，但該股前期下跌幅度大、時間長，而且又是低價股，只要調整洗盤無法有效跌破5日均線，就可以繼續持股待漲。

圖3-7是紅日藥業2022年1月4日收盤時的K線走勢圖，可以看出2021年12月28日該股的確收出一根縮量螺旋槳陽K線，展開強勢調整洗盤行情，次日又調整一個交易日，成交量大幅萎縮。

12月30日，該股開高，收出一根大陽線，突破前高，成交量較前一交易日明顯放大，收盤漲幅11.24％，強勢調整洗盤行情結束。此時，均線呈多頭排列，MACD、KDJ等技術指標走強，股價的強勢特徵非常明顯，後市快速上漲的機率大。面對這種情況，投資者可以在當日或次日進場加倉買進籌碼。次日該股再次收出一根大陽線，漲幅11.24％，

成交量較前一日持平。

　　從該股2021年12月30日收出一根大陽線，突破前高、強勢調整洗盤行情結束後上漲（收盤價6.83元），到2022年1月4日收出一根假陰真陽螺旋槳K線（收盤價7.91元），後期拉升的漲幅不錯。

　　2022年1月4日，紅日藥業大幅跳空開高（向上跳空5.24％開盤），股價衝高回落，收出一根長上影線假陰真陽螺旋槳K線（高位或相對高位的螺旋槳K線又稱作變盤線、轉勢線），成交量較前一交易日萎縮，顯露主力機構利用開高、盤中拉高、高位震盪等操盤手法，引誘跟風盤進場並大量出貨的意圖。

　　此時，股價遠離30日均線且漲幅大，KDJ等部分技術指標開始走弱，盤面弱勢特徵已經顯現。面對這種情況，投資者如果還有籌碼沒有出完，次日應該逢高賣出。

3-3

【放量迅速拉升股價③】
當最後一次洗盤縮量止穩
或……，賺取最後利潤

　　放量迅速拉升過程中最後一次洗盤，指的是主力機構將個股股價拉升至目標價位附近時，開始最後一次的調整洗盤，目的是先逢高賣出部分籌碼，再逢低撿點便宜，然後再向上拉升，拉出利潤空間和最後的出貨空間。放量拉升過程中最後一次洗盤的量價特徵，仍呈現價跌量縮的態勢。

　　主力機構在對個股展開快速拉升的過程中，進行最後一次洗盤，是為了後續能順利出貨。一方面低買高賣，賺一部分價差，另一方面清洗獲利盤，使已賺錢的投資者離場，讓看好後市的資金進場，拉高市場成本，減輕最後拉升的壓力，方便主力機構在高位順利出貨。

　　迅速拉升過程中最後一次洗盤至股價止穩後，主力機構會逐步放量推升股價，然後放量突破前高（或平台）繼續向上拉升，以吸引市場注意，不斷引誘跟風盤買進，讓自身在高位出貨時有連續不斷的接盤。

　　投資者必須注意，在目標股票最後一次洗盤縮量止穩，或突破前高（平台）時，正是投資者適當買進或加倉買進部分籌碼，賺取最後利潤的時機。以下以星雲股份（300648）和科信技術（300565）為例。

　　圖3-8（見下頁）是星雲股份2021年7月30日收盤時的K線走勢圖，可以看出該股的走勢正處於上升趨勢。在此之前，股價從2018年4月4日最高價70元（前期相對高位），一路震盪下跌，至2020年2月4日最低價13.18元止跌回升，下跌時間長、跌幅大，而且期間發生多次幅度較大的反彈。

　　在股價止穩後，主力機構快速推升股價收集籌碼，該股展開橫盤震

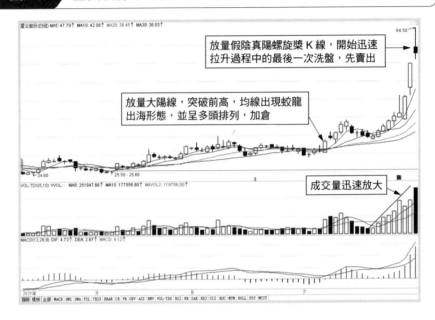

圖3-8　星雲股份（300648）2021年7月30日的K線走勢圖

盪洗盤吸籌行情。期間主力機構拉出兩個大陽線漲停板，都屬於吸籌建倉型漲停板。

2020年7月6日，該股跳空開高，收出一根大陽線（收盤漲幅7.52%），突破前高，留下向上突破缺口，成交量較前一交易日放大近2倍。當日股價向上突破5日、10日、20日、30日、90日、120日和250日均線（一陽穿七線），60日均線在股價下方向上移動，均線形成蛟龍出海形態。

此時均線（除了90日、250日均線之外）呈多頭排列，MACD、KDJ等技術指標開始走強，股價的強勢特徵已經顯現，後市股價上漲機率較大。這時投資者可以在當日或次日進場買進籌碼，持股待漲。之後主力機構快速向上推升股價，初期上漲行情展開，成交量同步放大。

2021年1月6日，該股開低，股價衝高至當日最高價47.65元再回落，收出一根長實體螺旋槳陰K線，展開初期上漲行情後的回檔洗盤行

情，成交量呈現逐漸萎縮的狀態。

　　4月15日，該股開低，收出一根小錘頭陽K線（當日股價曾探至最低價24.60元），股價止穩，初期上漲行情後的回檔洗盤行情結束。此時投資者可以考慮進場買進籌碼。之後主力機構開始向上推升股價，收集籌碼。

　　7月7日，該股開低，收出一根大陽線（收盤漲幅8.13％），突破前高，成交量較前一交易日放大2倍多。當日股價向上突破5日、10日、20日、30日、120日和250日均線（一陽穿六線），60日和90日均線在股價下方向上移動，上漲中期均線形成蛟龍出海形態。

　　此時均線（除了120日均線之外）呈多頭排列，MACD、KDJ等技術指標開始走強，股價的強勢特徵顯現，後市股價上漲的機率大。面對這種情況，投資者可以在當日或次日進場加倉買進籌碼，持股待漲。之後主力機構快速向上拉升股價，展開中期上漲行情，成交量同步放大。

　　7月30日，星雲股份大幅跳空開高，股價衝高回落，收出一根假陰真陽螺旋槳K線，成交量較前一交易日明顯放大，展開迅速拉升過程中的最後一次調整洗盤。一來股價已拉升至2018年4月4日下跌以來的密集成交區，二來此時大盤下跌，主力機構趁勢調整洗盤。

　　此時個股仍處於上升趨勢中，短中長期均線呈多頭排列，其他各項技術指標走強，股價的強勢特徵仍非常明顯。面對這種情況，投資者可以在回檔洗盤的當日或次日先逢高賣出手中籌碼，待回檔洗盤結束後，再擇機進場適量買進籌碼。

　　圖3-9（見下頁）是星雲股份8月12日收盤時的K線走勢圖，可以看出7月30日的確收出一根假陰真陽螺旋槳K線，主力機構展開迅速拉升過程中的最後一次洗盤。8月2日和3日，該股又連續調整兩個交易日，成交量明顯萎縮。

　　8月4日，該股開高，收出一根中陽線，突破前高，漲幅6.79％，成交量較前一交易日萎縮，迅速拉升過程中最後一次洗盤結束。此時，均線呈多頭排列，MACD、KDJ等技術指標走強，股價的強勢特徵相當明顯，後市快速上漲的機率大。面對這種情況，投資者可以在當日或次日

圖3-9　　星雲股份（300648）2021 年 8 月 12 日的 K 線走勢圖

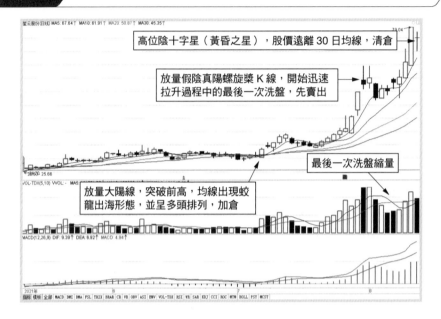

圖中標註文字：

高位陰十字星（黃昏之星），股價遠離 30 日均線，清倉

放量假陰真陽螺旋槳 K 線，開始迅速拉升過程中的最後一次洗盤，先賣出

最後一次洗盤縮量

放量大陽線，突破前高，均線出現蛟龍出海形態，並呈多頭排列，加倉

進場適量買進籌碼。之後主力機構展開最後的拉升行情。

　　從拉升情況來看，主力機構採取直線拉升、盤中洗盤、迅速拔高的操盤手法，急速向上拉升股價，至8月11日，四個交易日拉出四根陽線（8月6日收出的是一根假陰真陽K線），其中一個大陽線漲停板。股價從8月4日開高收出一根中陽線、最後一次洗盤結束（收盤價56元），上漲到8月11日收出大陽線漲停板（收盤價79.04元），四個交易日的漲幅不錯。

　　8月12日，星雲股份大幅開低，收出一顆陰十字星（高位或相對高位十字星又稱作黃昏之星），成交量較前一交易日萎縮，代表主力機構已經展開高位出貨。此時，股價遠離30日均線且漲幅大，KDJ等部分技術指標開始走弱，盤面弱勢特徵已經顯現。面對這種情況，投資者如果還有籌碼沒有出完，次日應該逢高清倉。

　　圖3-10是科信技術2022年8月9日收盤時的K線走勢圖，可以看出此

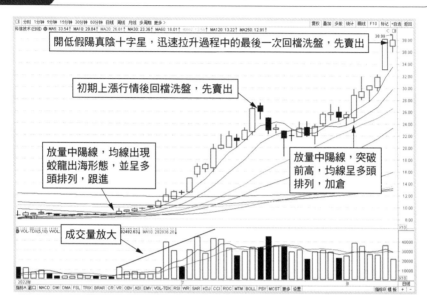

圖3-10　科信技術（300565）2022年8月9日的K線走勢圖

時該股走勢處於上升趨勢中。在此之前，股價從2020年11月10日最高價24.20元（前期相對高位），一路震盪下跌，至2022年4月27日最低價6.81元止跌回升，下跌時間長、跌幅大，期間有過多次大幅度反彈，且主力機構利用反彈、橫盤震盪以及打壓股價，收集籌碼建倉。

在股價止穩後，該股展開震盪盤升行情，主力機構收集籌碼與震盪洗盤並舉，K線走勢呈現紅多綠少、紅肥綠瘦的態勢。

6月21日，該股跳空開高，收出一根中陽線（漲幅5.97％），突破前高，成交量較前一交易日放大6倍多。當日股價向上突破5日、10日和60日（一陽穿三線），20日和30日均線在股價下方向上移動，90日、120日和250日均線在股價上方下行，均線形成蛟龍出海形態。

此時，短期均線呈多頭排列，MACD、KDJ等技術指標開始走強，股價的強勢特徵開始顯現，後市股價上漲的機率大。面對這種情況，投資者可以在當日或次日進場買進籌碼，持股待漲。之後主力機構快速向

上推升股價，展開初期上漲行情，成交量同步放大。

　　7月15日，該股開高，股價衝高至當日最高價27.45元再回落，收出一根長下影線陰K線，展開初期上漲行情後的回檔洗盤行情，成交量呈現逐漸萎縮的狀態。7月20日，該股開低，收出一根長下影線錘頭陰K線（當日股價探至最低價18.58元），股價止穩，初期上漲行情後的回檔洗盤行情結束。這時投資者可以考慮進場買進籌碼。之後，主力機構開始向上推升股價。

　　8月2日，該股開低，收出一根大陽線（收盤漲幅12.94％），突破前高（黃金坑坑沿），成交量較前一交易日明顯放大。此時，均線呈多頭排列，MACD、KDJ等技術指標走強，股價的強勢特徵已經非常明顯，後市股價快速上漲的機率大。面對這種情況，投資者可以在當日或次日進場加倉買進籌碼，持股待漲。之後主力機構快速向上拉升股價，中期上漲行情展開。

　　8月9日，科信技術開低，股價衝高回落，收出一顆假陽真陰十字星，成交量較前一交易日大幅萎縮，主力機溝展開迅速拉升過程中的最後一次洗盤，因為股價已拉升至2017年3月27日下跌以來的密集成交區，而且個股從底部上漲以來的漲幅較大。

　　此時該股處於上升趨勢中，均線呈多頭排列，其他各項技術指標走強，股價的強勢特徵仍十分明顯。面對這種情況，投資者可以在回檔洗盤的當日或次日先逢高賣出手中籌碼，待回檔洗盤結束後，再擇機進場適量買進籌碼，或是視情況持股待漲。

　　圖3-11是科信技術2022年8月26日收盤時的K線走勢圖，可以看出8月9日該股的確收出一顆假陽真陰十字星，展開迅速拉升過程中的最後一次洗盤行情。接著，股價又連續調整兩個交易日，成交量明顯萎縮。

　　8月12日，該股開高，收出一根小陽線（漲幅3.68％），成交量較前一交易日略有放大，迅速拉升過程中最後一次洗盤結束。此時，均線呈多頭排列，MACD、KDJ等技術指標開始走強，股價的強勢特徵已經顯現，後市快速上漲的機率大。面對這種情況，投資者可以在當日或次日進場加倉買進籌碼。之後該股展開最後的拉升行情。

圖3-11　科信技術（300565）2022 年 8 月 26 日的 K 線走勢圖

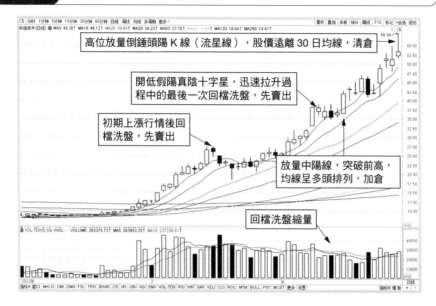

　　從拉升情況來看，主力機構依託5日均線向上推升股價，股價偶爾向下跌破5日均線但很快收回，10日均線發揮良好的支撐作用，整個上漲走勢比較順暢。股價從8月12日主力機構開高收出一根小陽線、最後一次洗盤結束（收盤價36.58元），上漲到8月26日收出一根倒錘頭陽K線（收盤價53.30元），十個交易日的漲幅不錯。

　　8月26日，科信技術開高，股價衝高回落，收出一根倒錘頭陽K線（高位倒錘頭K線又稱作射擊之星、流星線），成交量較前一交易日放大，顯露主力機構利用開高、盤中拉高、高位震盪的手法，引誘跟風盤進場並大量出貨的意圖。

　　此時，股價遠離30日均線且漲幅大，KDJ等部分技術指標開始走弱，盤面弱勢特徵已經顯現。面對這種情況，投資者如果還有籌碼沒有出完，次日應該逢高清倉。

3-4 【縮量快速拉升股價①】 短期量價背離的變動很難預測，該怎麼操作？

　　縮量快速拉升股價，指的是主力機構對已經高度控盤、籌碼鎖定性好的個股展開拉升的行為，表現出股價快速上漲，成交量卻相對萎縮的短期量價背離關係。

　　這種短期量價背離的關係可能出現在拉升的各個時期，讓主力機構可以快速拉高股價，也能吸引市場關注。

　　由於目標股票初期上漲後調整洗盤程度、主力機構籌碼鎖定和控盤程度、主力機構操盤手法風格，以及縮量快速拉升股價耗費的時間，都有所差異，股票拉升過程中的K線走勢也不盡相同，不過個股快速上升的趨勢不會改變。

　　對於主力機構縮量快速拉升的股票，投資者要抱持看多做多的積極態度，假如在初期上漲後調整洗盤過程中，沒有逢低買進籌碼，就要在股票放量突破關鍵點位的當天，快速進場買進籌碼，或者在縮量快速拉升的當天或次日集合競價時，把握機會進場買進。然後持股待漲，等待個股出現調整特徵或明確見頂訊號時再賣出。

　　縮量快速拉升股價，是指主力機構在初期上漲行情回檔洗盤結束、放量突破關鍵點位後，對籌碼鎖定性好、高度控盤的股票進行快速拉升的行為。此時，量價關係呈現股價快速上漲，成交量反而萎縮的短期量價背離關係。

　　這種量價背離關係下的股票走勢，不管是啟動拉升、回檔洗盤或是股價見頂，都很難預測和把握其時空。對於這樣的情況，投資者可以提前在股票回檔洗盤結束止穩、放量突破關鍵點位時，逢低進場買進籌

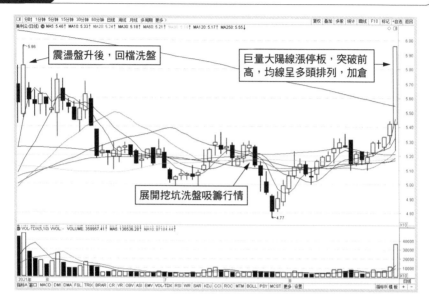

圖3-12　美利雲（000815）2021 年 8 月 27 日的 K 線走勢圖

> 震盪盤升後，回檔洗盤
>
> 巨量大陽線漲停板，突破前高，均線呈多頭排列，加倉
>
> 展開挖坑洗盤吸籌行情

碼，或者在縮量快速拉升的當天或次日集合競價時，以漲停價提前掛買單排隊等待買進。以下以美利雲（000815）為例進行說明。

圖3-12是美利雲2021年8月27日收盤時的K線走勢圖，從圖中可以看出，此時該股走勢處於上升趨勢中。在此之前，股價從2019年5月16日的最高價16.18元（前期相對高位），一路震盪下跌，至2021年2月8日的最低價4.36元止穩，下跌時間長且跌幅大，期間有過多次大幅度的反彈。

在股價止穩後，主力機構快速推升股價、收集籌碼，開啟震盪盤升行情，洗盤吸籌並舉。這段期間拉出的兩個漲停板，都屬於吸籌建倉型漲停板。

5月26日，該股開低，股價衝高至當日最高價5.96元再回落，展開震盪盤升後的回檔（挖坑）洗盤吸籌行情。

7月28日，該股開低，收出一根中陰線（當日股價曾探至最低價

4.77元），股價至坑底止穩。此後主力機構開始向上推升股價，收集籌碼，K線走勢呈現紅多綠少、紅肥綠瘦的態勢。此時投資者可以考慮進場逢低買進籌碼。

8月27日，美利雲以平盤開出，收出一個大陽線漲停板、突破前高，而且成交量較前一交易日放大3倍多，形成大陽線漲停K線形態。

此時，該股處於上升趨勢中，均線（除了250日均線之外）呈多頭排列，MACD、KDJ等各項技術指標已經走強，股價的強勢特徵相當明顯，後市股價快速上漲的機率大。

面對這種情況，投資者可以在當日（從當天的分時走勢來看，投資者有進場機會）或次日進場加倉買進籌碼，持股待漲，等待股價出現明顯見頂訊號時再賣出。

圖3-13是美利雲2021年9月2日收盤時的K線走勢圖，可以看出該股在8月27日收出一個巨量大陽線漲停板、突破前高，且形成大陽線漲停K線形態後，展開縮量快速拉升行情。

從拉升情況來看，8月30日開始，主力機構連續拉出兩個一字漲停板，量價關係呈現股價快速上漲，成交量卻大幅萎縮的短期量價背離關係。9月1日該股再次收出一個T字漲停板。

8月27日收出一個巨量大陽線漲停板、突破前高，且形成大陽線漲停K線形態，當天股價上漲（收盤價5.96元），之後仍然上漲，到9月2日收出一根螺旋槳陽K線（收盤價8.53元），這五個交易日的漲幅相當可觀。

9月2日，美利雲大幅跳空開高（向上跳空4.53％開盤），股價衝高回落，收出一根螺旋槳陽K線（高位或相對高位的螺旋槳K線又稱作變盤線、轉勢線），成交量較前一交易日放大2倍多。

從當日分時走勢來看，早盤該股大幅開高後，股價衝高回落，然後展開震盪（盤升）走勢，13：56封上漲停板，然後漲停板反覆打開封回多次，14：06漲停板再次被打開，股價震盪回落至收盤，顯露主力機構利用開高、拉高、高位震盪、漲停板反覆打開封回再打開的操盤手法，引誘跟風盤進場並大量出貨的意圖。

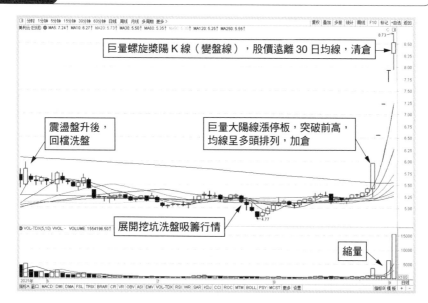

圖3-13　美利雲（000815）2021 年 9 月 2 日的 K 線走勢圖

此時，股價遠離30日均線且漲幅大，KDJ等部分技術指標開始走弱，盤面弱勢特徵已經顯現。面對這種情況，投資者如果還有籌碼沒有出完，次日應該逢高清倉，或是持續追蹤觀察。

圖3-14（見下頁）是美利雲2021年8月27日14：06的分時截圖。當日該股收出一個大陽線漲停板，突破前高，成交量較前一交易日放大3倍多，股價的強勢特徵十分明顯。

從分時截圖來看，該股早盤以平盤開出回落，然後持續展開小幅橫盤震盪整理行情，至13：36突然放量，股價分三個波次上衝，於13：55漲停，14：04被大賣單砸開，14：06再次封回漲停板，至收盤漲停板沒再打開。

從盤面右邊14：04至14：06的成交明細可以看出，成百上千手的賣盤還是不少。到了收盤時，成百上千手的賣盤仍然在盤面頻繁出現。

如果投資者當天想進場買進，在股價放量拉升期間和漲停板打開再

圖3-14　美利雲（000815）2021 年 8 月 27 日的分時截圖

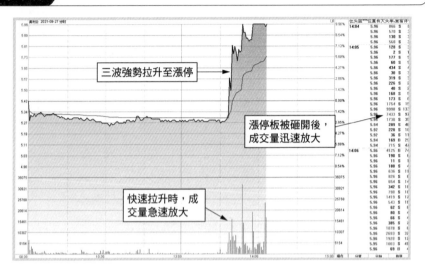

封回時，是最佳的進場買進時機。漲停板封死後，以漲停價掛買單排隊等候買進的投資者，收盤前都有成交的希望。

3-5 【縮量快速拉升股價②】 之後主力洗盤，注意 4 種情況才能迅速脫手

縮量快速拉升股價後強勢調整（洗盤），指的是主力機構對已經高度控盤、籌碼鎖定性好的股票，快速拉升至一定高度後，進行小幅震盪調整（洗盤），目的是進一步清洗獲利盤，為後續的拉升累積力量。

這種調整屬於縮量快速拉升途中的強勢調整（洗盤），成交量呈現逐漸萎縮的狀態。根據主力機構的操盤手法、風格，以及對個股籌碼鎖定和控盤程度的不同，縮量快速拉升的幅度和後期走勢也會有所差別。

舉例來說，有的主力機構會將個股縮量拉升至一定高度後直接出貨。有的主力機構會將個股縮量拉升至一定高度後，採取邊拉邊洗的操盤手法，向上拉出利潤空間，然後打壓出貨。有的主力機構會將個股縮量拉升至一定高度後，利用震盪調整（洗盤）的方式掩護出貨。

所以，投資者對於超過三個一字板（T 字板）、縮量快速拉升的個股，一定要謹慎對待、格外小心注意盯盤，做好隨時賣出的準備。以下分四種情況進行分析。

💲 縮量快速拉升後強勢調整（洗盤）

縮量快速拉升後強勢調整（洗盤），是指主力機構將個股快速拉升至一定高度後，進行小幅震盪調整（洗盤），調整（洗盤）到位後繼續向上拉升。量價特徵呈現快速拉升時量縮價漲，剛調整（洗盤）時量增價平（跌），然後逐漸量縮價平（跌）。以下以鳳凰光學（600071）為例。

圖3-15 鳳凰光學（600071）2021 年 10 月 22 日的 K 線走勢圖

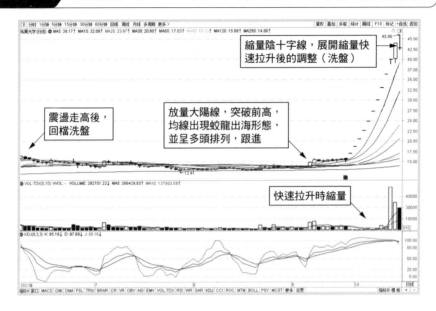

圖3-15是鳳凰光學2021年10月22日收盤時的K線走勢圖，可以看出此時個股處於上升趨勢中。在此之前，股價從2016年7月11日最高價31.10元（前期相對高位），一路震盪下跌，至2018年10月25日最低價6.76元止穩，下跌時間長且跌幅大，期間有過多次幅度較大的反彈。

股價止穩後，主力機構快速推升股價，收集籌碼，然後該股展開大幅度的長期震盪盤升行情，主力機構低買高賣賺取價差，獲利與洗盤吸籌並舉，折磨和考驗投資者的信心和耐力，期間成交量呈現間斷性放大的狀態。

2021年6月8日，大幅震盪盤升行情持續2年7個多月後，該股開低，股價衝高至當日最高價16.50元再回落，收出一根大陰線，展開震盪走高後的回檔洗盤吸籌行情。

7月28日，該股開低，收出一根錘頭陽K線（當日股價曾探至最低價12.41元），股價止穩，回檔洗盤行情結束。此後主力機構開始向上

推升股價，收集籌碼，K線走勢呈現紅多綠少、紅肥綠瘦的態勢。此時投資者可以考慮進場逢低買進籌碼。

9月7日，該股開低，收出一根大陽線（收盤漲幅8.03％），突破前高，成交量較前一交易日放大4倍多。當日股價向上突破5日、10日、60日、90日和120日均線（一陽穿五線），20日、30日和250日均線在股價下方向上移動，均線形成蛟龍出海形態。

此時，均線（除了60日均線之外）呈多頭排列，MACD、KDJ等各項技術指標開始走強，股價的強勢特徵已經顯現，後市上漲的機率大。面對這種情況，投資者可以在當日或次日進場分批買進籌碼。次日該股開低，再次收出一根大陽線（漲幅4.66％），然後展開強勢整理行情，股價強勢整理期間正是投資者進場逢底分批買進籌碼的好時機。

9月30日，由於受重組利多的刺激，該股早盤漲停開盤，收盤收出一個一字漲停板，開啟縮量快速拉升行情。之後主力機構一口氣拉出十個漲停板，其中八個一字板、一個T字板和一個大陽線漲停板。

10月22日，鳳凰光學開低，股價衝高回落，收出一根長上影線陰十字線，展開縮量快速拉升後的強勢調整（洗盤）。此時，個股仍處於上升趨勢中，短中長期均線呈多頭排列，MACD等其他各項技術指標走強，股價的強勢特徵很明顯。不過因為股價漲幅太大，對於這種高位強勢調整（洗盤）的個股，投資者還是要謹慎操作，注意盯盤。

圖3-16（見下頁）是鳳凰光學2021年11月10日收盤時的K線走勢圖，可以看出該股10月22日收出一根縮量陰十字線，展開縮量快速拉升後的強勢調整（洗盤）。

11月1日，連續縮量強勢調整（洗盤）五個交易日後，該股開低收出一根大陽線（收盤漲幅6.62％），股價回到5日、10日均線的上方，成交量較前一交易日明顯放大。

此時，均線呈多頭排列，MACD、KDJ等技術指標開始走強，股價的強勢特徵仍然十分明顯，後市快速上漲的機率大。面對這種情況，投資者可以在當日或次日進場逢低適當買進籌碼。之後該股展開最後的拉升行情。

圖3-16 鳳凰光學（600071）2021 年 11 月 10 日的 K 線走勢圖

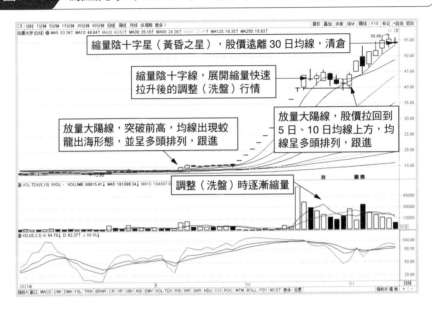

　　從拉升情況來看，主力機構依託5日均線向上拉升股價，股價幾乎是直線上升，至11月10日，七個交易日拉出五根陽線，其中兩個漲停板，整個強勢調整（洗盤）後的上漲走勢非常順暢。

　　從11月1日收出一根放量大陽線、突破前高後上漲（收盤價43.98元），至11月10日收出一根陰十字星（收盤價53.98元），七個交易日的漲幅很大。但是股價已經處於高位，危險係數也比較高。

　　11月10日，鳳凰光學開低，股價衝高回落，收出一顆陰十字星（高位或相對高位十字星又稱作黃昏之星），成交量較前一交易日萎縮，加上前一交易日收出的一根螺旋槳陽K線，顯露主力機構利用高位震盪整理的操盤手法，引誘跟風盤進場並出貨的意圖。

　　此時，股價遠離30日均線且漲幅大，KDJ等部分技術指標開始走弱，盤面弱勢特徵已經顯現。面對這種情況，投資者如果還有籌碼沒有出完，次日應該逢高清倉。

圖3-17 南嶺民爆（002096）2021 年 10 月 19 日的 K 線走勢圖

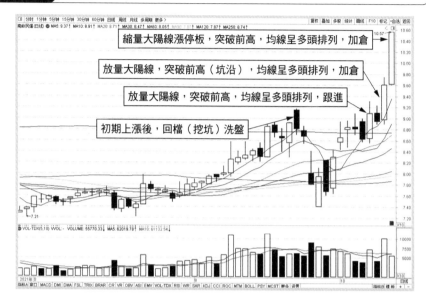

💲 縮量快速拉升後直接出貨

縮量快速拉升後直接出貨，指的是主力機構從縮量快速拉升當天，一口氣將股價拉升到位（拉出利潤空間和出貨空間），然後直接出貨。出貨的第一個交易日一般是急速跌至跌停板，之後跌速趨於平緩，並且伴隨短暫反彈，以麻痺投資者。量價特徵呈現快速拉升時量縮價漲，直接出貨時量增價跌。以下以南嶺民爆（002096）為例。

圖3-17是南嶺民爆2021年10月19日收盤時的K線走勢圖，可以看出此時該股走勢處於上升趨勢中。在此之前，股價從2020年12月10日的最高價15.17元（前期相對高位），急速下跌至2021年1月14日的最低價6.15元止穩，下跌時間不長，但跌勢急且跌幅大。

股價止穩後，主力機構快速推升股價，收集籌碼，然後該股展開大幅震盪盤升行情，低買高賣賺取價差，獲利與洗盤吸籌並舉，折磨和考

驗投資者的信心和耐力。震盪盤升期間，成交量呈現間斷性放大的狀態，期間主力機構拉出十一個漲停板，多數為吸籌建倉型漲停板。

9月23日，大幅震盪盤升行情持續8個多月後，該股開高（9.15元開盤），股價回落，收出一根小陰線，展開初期上漲後的回檔（挖坑）洗盤吸籌行情。9月28日，該股大幅開低（向下跳空－5%開盤），收出一根中陽線（當日股價探至最低價7.41元），股價至坑底止穩，初期上漲後的回檔洗盤行情結束。之後主力機構繼續向上推升股價，收集籌碼。此時投資者可以考慮進場逢低買進籌碼。

10月14日，該股開高，收出一根大陽線（收盤漲幅5.45%），突破前高（大致突破坑沿），成交量較前一交易日放大近2倍。此時，均線呈多頭排列，MACD、KDJ等各項技術指標走強，股價的強勢特徵已經相當明顯，後市上漲的機率大。面對這種情況，投資者可以在當日或次日進場買進籌碼。次日主力機構強勢調整一個交易日，是投資者進場買進籌碼的好時機。

10月18日，該股開高，收出一根大陽線（收盤漲幅7.49%），突破前高，成交量較前一交易日放大2倍多。此時，均線呈多頭排列，MACD、KDJ等各項技術指標持續走強，股價的強勢特徵已經十分明顯，後市上漲的機率非常大。面對這種情況，投資者可以在當日或次日進場加倉買進籌碼。

10月19日，南嶺民爆開高，收出一個大陽線漲停板，突破前高，成交量較前一交易日大幅萎縮（漲停原因），形成大陽線漲停K線形態。面對這種情況，前期沒有進場買進籌碼的投資者，可以在當日搶漲停板，或在次日積極尋機加倉買進籌碼。

圖3-18是南嶺民爆2021年11月12日收盤時的K線走勢圖，可以看出該股10月18日的確收出一根放量大陽線，突破前高（坑沿），次日收出一個大陽線漲停板，主力機構正式開啟縮量快速拉升行情。

11月3日，主力連續拉出七個縮量一字漲停板。從該股10月18日收出一根放量大陽線，突破前高後上漲（收盤價9.61元），至11月12日收出一個大陰線跌停板（收盤價18.54元），九個交易日漲幅巨大。

圖3-18 南嶺民爆（002096）2021 年 11 月 12 日的 K 線走勢圖

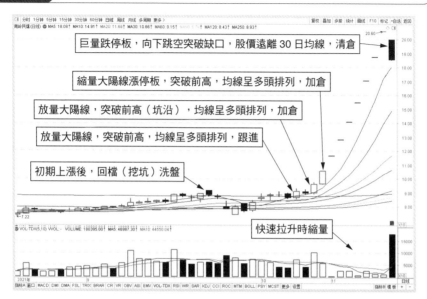

11月12日，南嶺民爆跳空開低，直接跌停，收出一個大陰線跌停板，留下向下跳空突破缺口，成交量較前一交易日放大16倍多，透露主力機構毫無顧忌出貨的堅決態度。此時，股價遠離30日均線且漲幅大，MACD、KDJ等技術指標走弱，盤面弱勢特徵已經非常明顯。面對這種情況，投資者如果還有籌碼沒有出完，次日一定要逢高清倉。

💲 縮量快速拉升後放量打壓出貨

縮量快速拉升後放量打壓出貨，指的是主力機構將個股股價拉升至一定高度後，採取縮量快速拉升的操盤手法，持續向上拉出利潤空間和出貨空間，然後採取直接打壓的方式出貨。

打壓出貨時，該股連續收出急跌陰線，分時走勢一般以尾盤突然砸板快速出逃，以其他投資者措手不及的操盤手法快速出貨，打壓出貨的

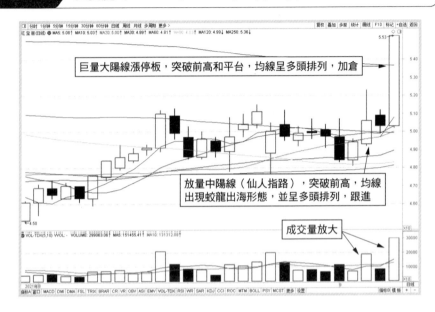

圖3-19　紅寶麗（002165）2021年9月7日的K線走勢圖

巨量大陽線漲停板，突破前高和平台，均線呈多頭排列，加倉

放量中陽線（仙人指路），突破前高，均線出現蛟龍出海形態，並呈多頭排列，跟進

成交量放大

速度快、力度大。量價特徵呈現快速拉升時量縮價漲，打壓出貨時量增價跌。以下以紅寶麗（002165）為例。

　　圖3-19是紅寶麗2021年9月7日收盤時的K線走勢圖，可以看出此時該股走勢處於上升趨勢中。在此之前，股價從2020年8月12日的最高價7.98元（前期相對高位），一路震盪下跌，至2021年7月30日的最低價4.50元止穩，下跌時間較長而且跌幅較大，期間有過多次幅度較大的反彈。股價止穩後，主力機構開始向上推升股價，收集籌碼，底部逐漸抬高，K線走勢呈現小陽小陰、紅多綠少、紅肥綠瘦的態勢。

　　9月3日，該股開低，收出一根長上影線中陽線，突破前高，成交量較前一交易日放大2倍多。當日股價向上突破5日、10日、20日和120日均線（一陽穿四線），30日、60日和90日均線在股價下方向上移動，250日均線在股價上方下行，均線形成蛟龍出海形態。

　　此時，均線（除了120日、250日均線之外）呈多頭排列，MACD、

圖3-20　紅寶麗（002165）2021 年 9 月 23 日的 K 線走勢圖

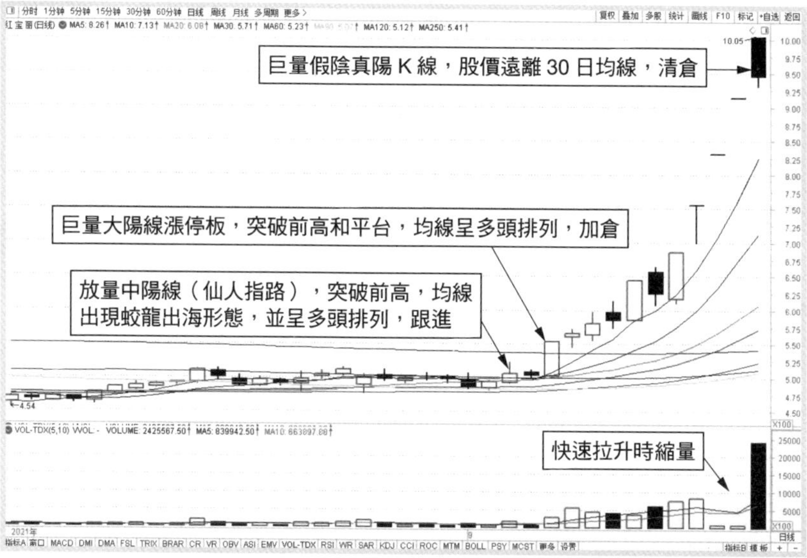

KDJ等各項技術指標開始走強，股價的強勢特徵已經顯現，後市上漲的機率大。面對這種情況，投資者可以在當日或次日進場買進籌碼。

9月7日，紅寶麗以平盤開出，收出一個大陽線漲停板，突破前高和平台，成交量較前一交易日放大3倍多，形成大陽線漲停K線形態。此時，均線（除了120日、250日均線之外）呈多頭排列，MACD、KDJ等各項技術指標走強，股價的強勢特徵已經相當明顯，後市持續快速上漲的機率大。面對這種情況，投資者可以在當日或次日進場加倉買進籌碼，持股待漲，等待出現明顯見頂訊號時再賣出。之後主力機構加速向上拉升股價。

圖3-20是紅寶麗2021年9月23日收盤時的K線走勢圖，可以看出該股9月7日收出一個巨量大陽線漲停板，突破前高，形成大陽線漲停K線形態後，主力機構加速向上拉升股價。

從拉升情況來看，主力機構依託5日均線向上拉升股價，股價幾乎

直線上升。我們可將拉升行情分為兩個階段：第一階段，9月8日至16日，主力機構加速拉升股價，成交量呈逐漸放大狀態，投資者可以積極進場逢低買進籌碼。第二階段，9月17日至18日，主力機構快速拉升股價，拉出兩個一字板，成交量呈現萎縮狀態。

從9月7日主力機構拉出一個大陽線漲停板，突破前高，形成大陽線漲停K線形態後上漲（收盤價5.53元），至9月23日收出一根假陰真陽K線（收盤價9.45元），十個交易日的漲幅相當不錯。

9月23日，紅寶麗漲停開盤，收出一根假陰真陽K線，成交量較前一交易日放大26倍多。

從當日分時走勢來看，該股早盤漲停開盤，10：06漲停板被大賣單砸開，成交量急速放大，此後漲停板反覆打開封回，每打開一次，成交量都急速放大。14：16漲停板被打開後，股價快速震盪下行至收盤，屬於主力機構尾盤打壓跳水快速出貨，當日收盤漲幅3.39％。這代表主力機構利用漲停誘多、漲停板反覆打開封回再打開的操盤手法，引誘跟風盤進場並大量出貨，以及尾盤打壓跳水毫無顧忌快速出貨的意圖。

此時，股價遠離30日均線且漲幅大，KDJ等部分技術指標走弱，盤面弱勢特徵已經顯現。面對這種情況，投資者如果還有籌碼沒有出完，次日一定要逢高清倉。

🪙 縮量快速拉升後，利用調整的方式掩護出貨

縮量快速拉升後利用調整的方式掩護出貨，指的是主力機構將個股股價縮量拉升至一定高度後，採取震盪調整，甚至震盪盤升的方式，麻痺投資者，將手中籌碼悄悄倒出，等待籌碼較少時，採取打壓的方式直接把籌碼出完。量價特徵呈現快速拉升時量縮價漲，震盪調整盤升出貨時量增價平（或股價略有上漲）。以下以顧地科技（002694）為例。

圖3-21是顧地科技2021年12月31日收盤時的K線走勢圖，可以看出此時該股走勢處於上升趨勢中。在此之前，股價從2019年4月17日的最高價7.17元（前期相對高位），一路震盪下跌，至2021年2月9日的最低

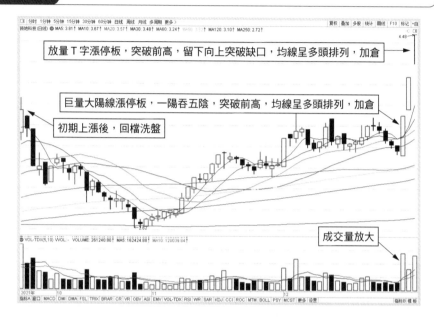

圖3-21　顧地科技（002694）2021 年 12 月 31 日的 K 線走勢圖

放量 T 字漲停板，突破前高，留下向上突破缺口，均線呈多頭排列，加倉

巨量大陽線漲停板，一陽吞五陰，突破前高，均線呈多頭排列，加倉

初期上漲後，回檔洗盤

成交量放大

價1.93元止穩，下跌時間長且跌幅大，期間有過多次幅度較大的反彈。

　　股價止穩後，主力機構快速向上推升股價，收集籌碼，然後該股展開震盪盤升行情，低買高賣賺取價差，獲利與洗盤吸籌並舉，震盪盤升期間成交量呈現間斷性放大的狀態。

　　9月23日，該股開高，股價衝高至當日最高價3.86元再回落，收出一根螺旋槳陽K線，展開初期上漲行情後的回檔洗盤吸籌行情。10月28日，該股開低，收出一顆陰十字星（當日股價曾探至最低價2.62元），股價至坑底止穩，初期上漲後的回檔洗盤行情結束。之後主力機構繼續向上推升股價，收集籌碼。此時投資者可以考慮進場逢低買進籌碼。

　　12月29日，該股開低，收出一個大陽線漲停板，一陽吞五陰（吞沒之前的五根陰線），突破前高，成交量較前一交易日放大4倍多，形成大陽線漲停K線形態。

　　此時，均線呈多頭排列，MACD、KDJ等各項技術指標走強，股價

的強勢特徵已經相當明顯，後市快速上漲的機率大。面對這種情況，投資者可以在當日或次日進場加倉買進籌碼。12月30日，該股再拉出一個縮量大陽線漲停板，突破前高，股價的強勢特徵已經十分明顯。

12月31日，紅寶麗漲停開盤，收出一個T字漲停板（從當天的分時走勢來看，投資者當日有機會進場買進籌碼），突破前高，成交量較前一交易日明顯放大，形成T字漲停K線形態。

此時，均線呈多頭排列，MACD、KDJ等各項技術指標走強，股價的強勢特徵已經非常明顯，後市持續快速上漲的機率非常大。面對這種情況，投資者可以在當日搶漲停板，或在次日集合競價時以漲停價掛買單排隊等候買進籌碼。

圖3-22是顧地科技2022年1月14日收盤時的K線走勢圖，可以看出該股2021年12月31日拉出一個放量T字漲停板，突破前高，形成T字漲停K線形態後，主力機構開啟縮量快速拉升行情。

從2022年1月4日開始，主力機構連續拉出四個縮量漲停板，其中一個小T字漲停板，三個一字漲停板。從主力機構整個拉升行情來看，加上之前的兩個大陽線漲停板和一個長下影線T字漲停板，一共拉出七個漲停板，漲幅非常可觀。

1月10日，該股以平盤開出直接回落，收出一根看跌吞沒大陰線（股價見頂的訊號），成交量較前一交易日放大近21倍，收盤漲幅－9.30％，顯露主力機構利用平盤開出，然後毫無顧忌出貨的堅決態度。此時，股價遠離30日均線且漲幅大，MACD、KDJ等技術指標開始走弱，盤面弱勢特徵已經顯現。面對這種情況，投資者如果還有籌碼沒有出完，次日一定要逢高賣出。

1月11日，該股開高，股價衝高回落，收出一根長上影線大陽線，成交量較前一交易日明顯放大。從當日分時走勢來看，早盤開盤後，股價快速衝高至漲停，9：51漲停板被大賣單砸開，成交量急速放大，之後股價展開高位震盪走勢（多次觸及漲停），顯示主力機構採取漲停、漲停打開、高位震盪（觸及漲停）的操盤手法，引誘跟風盤進場並大量出貨的意圖。

圖3-22 顧地科技（002694）2022 年 1 月 14 日的 K 線走勢圖

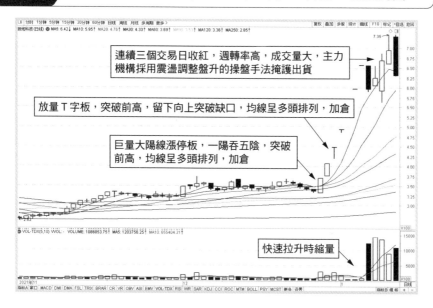

連續三個交易日收紅，週轉率高，成交量大，主力機構採用震盪調整盤升的操盤手法掩護出貨

放量 T 字板，突破前高，留下向上突破缺口，均線呈多頭排列，加倉

巨量大陽線漲停板，一陽吞五陰，突破前高，均線呈多頭排列，加倉

快速拉升時縮量

　　1月12日、13日，主力機構連續跳空開低，收出兩根大陽線，成交量呈現逐漸萎縮的狀態。這兩個交易日的分時走勢都是開低走高（衝高）漲停，尾盤漲停板被打開，且回落幅度較大，成交量放大，週轉率高，顯示主力機構採取開低，然後對敲或對倒拉高、漲停、尾盤漲停板打開的手法，引誘跟風盤進場並大量出貨的意圖。從K線走勢來看，三根K線呈現震盪調整盤升的態勢，以此引誘投資者進場，展開掩護出貨。

　　1月14日，顧地科技大幅跳空開高（向上跳空5.19％開盤），股價回落，收出一根看跌吞沒大陰線（股價見頂訊號），成交量較前一交易日明顯放大，收盤漲幅－9.22％，顯露主力機構利用大幅開高、盤中拉高的手法，毫無顧忌打壓出貨的堅決態度。

　　此時，股價遠離30日均線且漲幅大，5日均線拐頭向下，MACD、KDJ等技術指標已經走弱，盤面弱勢特徵相當明顯。面對這種情況，投

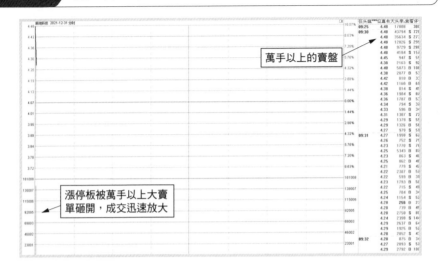

圖3-23 顧地科技（002694）2021 年 12 月 31 日的分時截圖

資者如果還有籌碼沒有出完，次日一定要清倉。

　　圖3-23是顧地科技2021年12月31日開盤後至9：32的分時截圖。這是主力機構12月30日拉出一個縮量大陽線漲停板、突破前高次日的T字漲停板。

　　從分時走勢來看，該股早盤漲停開盤，瞬間被萬手以上大賣單砸開，股價最低下探至4.20元，9：32左右封回漲停板。從盤面右邊的成交明細可以看出，漲停板剛砸開時，成千上萬手的大賣單成交不少。9：32左右封回漲停板後，千手以上的賣單大量成交，投資者只要是在開盤後快速掛買單進場買進，當天應該都能成交。

3-6　【縮量快速拉升股價③】過程中最後一次洗盤，只出現在某一類股票

　　原則上，主力機構把個股快速（縮量）拉升至預期目標後，會直接出貨、打壓出貨或震盪調整盤升出貨。但對少數下跌時間長、跌幅大、橫盤震盪洗盤徹底、籌碼鎖定程度高、控盤到位的個股，主力機構會在快速（縮量）拉升後，進行強勢調整洗盤，然後再向上拉升。

　　縮量快速拉升過程中最後一次洗盤，是比較特殊的情況，只會出現在大牛股或超級大牛股。量價特徵呈現快速拉升時量縮價漲，最後一次調整洗盤時量縮價跌。以下以九安醫療（002432）為例。

　　圖3-24（見下頁）是九安醫療2021年12月31日收盤時的K線走勢圖，可以看出此時個股走勢處於上升趨勢中。這是2021年年底走出的一隻超級大牛股。在此之前，股價從2015年11月26日的最高價33.98元（前期相對高位），一路震盪下跌，至2018年10月19日的最低價4.44元止穩，下跌時間長且跌幅大，期間有過多次大幅度的反彈。

　　股價止穩後，主力機構快速推升股價，收集籌碼，並展開大幅震盪盤升行情，低買高賣賺取價差，獲利與洗盤吸籌建倉並舉。2020年7月13日，大幅震盪盤升行情持續1年7個多月後，該股開低，股價衝高至當日最高價13.96元再回落，收出一根假陽真陰錘頭K線，展開初期上漲後的回檔（挖坑）洗盤吸籌行情。

　　2021年10月28日，該股開高，收出一根小陰線（當日股價曾探至最低價5.80元），股價至坑底止穩，回檔（挖坑）洗盤時間持續一年多。回檔（挖坑）洗盤後期，主力機構利用反彈及低買高賣打壓股價，收集不少籌碼，此時主力機構籌碼集中度較高，控盤比較到位。之後主力機

圖3-24 九安醫療（002432）2021 年 12 月 31 日的 K 線走勢圖

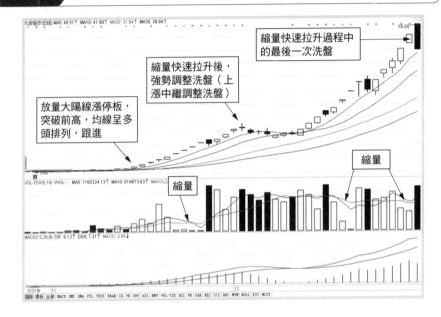

構快速向上推升股價，繼續收集籌碼，成交量穩步放大。這時投資者可以考慮進場逢低買進籌碼。

11月15日，該股跳空開高，拉出一個大陽線漲停板（因為「股票期權激勵＋新冠檢測」概念炒作），突破前高（坑沿），成交量較前一交易日放大2倍多，形成大陽線漲停K線形態。

此時，均線（除了120日、250日均線之外）呈多頭排列，MACD、KDJ等各項技術指標走強，股價的強勢特徵已經相當明顯，後市上漲的機率大。面對這種情況，投資者可以在當日或次日進場加倉買進籌碼。

11月16日，該股繼續跳空開高，收出一個放量大陽線漲停板，突破前高，留下向上跳空突破缺口，形成向上突破缺口和大陽線漲停K線形態，股價的強勢特徵已經十分明顯，即將展開快速拉升行情。面對這種情況，前期沒有進場的投資者，在隨後的操作中可積極尋找時機，進場加倉買進籌碼。

　　之後股價幾乎直線上升，11月17日至12月1日，十一個交易日主力機構拉出十個漲停板，其中有四個連續縮量一字板。

　　12月2日，該股開高，股價衝高至最高價22.94元再回落，收出一顆假陰真陽十字星，展開縮量快速拉升後的強勢調整洗盤（上漲中繼調整洗盤）行情。

　　12月13日，該股開低，收出一個大陽線漲停板，突破前高，股價回到5日、10日均線上方，成交量較前一交易日明顯放大，形成大陽線漲停K線形態。

　　此時，5日、10日均線形成黃金交叉，均線呈多頭排列，MACD、KDJ等各項技術指標開始走強，股價的強勢特徵已經相當明顯，後市持續上漲的機率大。面對這種情況，投資者可以在當日或次日進場加倉買進籌碼。之後，主力機構展開快速（縮量）拉升行情。12月13日至12月30日，十四個交易日主力機構拉出十一個漲停板。

　　12月31日，九安醫療大幅跳空開高（向上跳空7.16％開盤），股價回落，收出一根看跌吞沒跌停大陰線，成交量較前一交易日放大2倍多，展開縮量快速拉升過程中的最後一次洗盤。投資者可以在當日或次日逢高賣出手中籌碼，待股價回檔洗盤到位後，再進場適量買進籌碼。

　　圖3-25（見下頁）是九安醫療2022年1月18日收盤時的K線走勢圖，可以看出該股2021年12月31日走勢如前所述，展開快速拉升過程中的最後一次洗盤行情，回檔洗盤過程中，成交量呈萎縮狀態。2022年1月4日、5日股價連續調整兩個交易日後，1月6日收出一根小陽線，股價止跌回升。

　　1月7日，該股開高，收出一根大陽線（漲幅6.05％），突破前高，股價拉回到5日、10日均線的上方，且收盤收在所有均線上方，成交量較前一交易日明顯放大，股價的強勢特徵已經顯現。

　　不過這時股價已處於高位，投資者一定要謹慎操作，不建議再進場買進籌碼。大膽的投資者可以在當日或次日進場買進部分籌碼，等待股價出現見頂訊號時馬上清倉。之後該股再次展開快速（縮量）拉升行情，1月10日至1月17日，六個交易日拉出五個漲停板。

圖3-25　九安醫療（002432）2022年1月18日的K線走勢圖

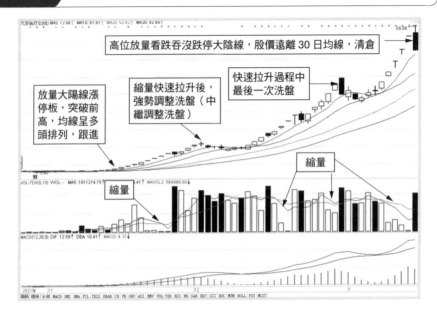

1月18日，九安醫療跳空開高，股價衝高回落跌停，收出一根看跌吞沒跌停大陰線（股價見頂訊號），成交量較前一交易日放大35倍多，顯露主力機構利用開高衝高、盤中拉高的手法，毫無顧忌打壓出貨的堅決態度。

此時，股價遠離30日均線且漲幅巨大，MACD、KDJ等技術指標已經走弱，盤面弱勢特徵顯現。面對這種情況，投資者如果還有籌碼沒有出完，次日一定要逢高清倉。

3-7

【間斷式放／縮量①】
股價波段式上升，
反覆量增價漲、量縮價跌

　　間斷式放／縮量拉升股價，指的是主力機構對籌碼鎖定一般、控盤程度不高的目標股票進行拉升的行為，表現為一種股價波段式或台階式上升，而成交量呈現間斷式放／縮量的量價關係。

　　會有這種量價關係，可能是因為主力機構籌碼鎖定一般、控盤程度不高，也可能是主力機構資金不夠雄厚，或操盤手法風格不同的原因。除了股價波段式或台階式上升會呈現間斷式放／縮量的量價關係外，股價台階式、波段式互換複合式上升，大幅橫盤震盪或震盪盤升行情，成交量也會呈現間斷式放／縮量。

　　針對主力機構間斷式放／縮量拉升股價的個股，投資者可抱持看多做多的積極態度，但也要有打持久戰的心理準備。最好是根據主力機構不同的拉升方式，採取相應的操作策略。

　　比如當個股股價放量上漲一定幅度後，在股價放量衝高回落或收出長上影線陰／陽K線、螺旋槳K線、放量十字星時，可以考慮先賣出手中籌碼，等待股價經過一段時間縮量橫盤整理或縮量回檔洗盤，出現明顯止跌訊號重新放量向上突破時，再重新買回籌碼，實現最大獲利。

　　間斷式放／縮量、股價呈波段式上升，指的是主力機構在對個股進行拉升時，放量拉升一定幅度後，就開始縮量調整洗盤，等待獲利籌碼清洗得差不多，再展開下一波的放量拉升行情。

　　量價特徵表現為成交量放大、股價快速上漲，成交量逐漸萎縮、股價震盪回落的態勢。雖然股價一波一波、有起有落，但整體呈現上升趨勢。原則上，主力機構透過間斷式放／縮量、股價呈波段式上升到一定

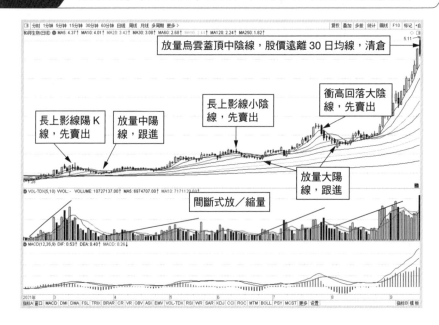

圖3-26 和邦生物（603077）2021年9月16日的K線走勢圖

高度後，就會展開快速拉升逼空行情，這時投資者要注意盯盤，等待個股出現調整特徵或見頂訊號時馬上賣出。以下以和邦生物（603077）為例。

圖3-26是和邦生物2021年9月16日收盤時的K線走勢圖，可以看出此時該股走勢處於上升趨勢中。在此之前，股價從2019年4月8日的最高價2.34元（前期相對高位），一路震盪下跌，至2021年2月5日的最低價1.28元止穩，下跌時間長且跌幅大，期間有過多次大幅度的反彈。下跌後期，主力機構透過試盤和打壓股價，收集不少籌碼建倉。

股價止穩後，主力機構開始快速推升股價，收集籌碼，成交量溫和放大，K線走勢呈現紅多綠少、紅肥綠瘦的態勢。這時投資者可以考慮進場逢低買進籌碼。

3月1日，該股以平盤開出，收出一大陽線漲停板，突破前高和平台，成交量較前一交易日放大4倍多，形成大陽線漲停K線形態。此時，

均線呈多頭排列，MACD、KDJ等各項技術指標走強，股價的強勢特徵已經相當明顯，後市股價上漲的機率大。面對這種情況，投資者可以在當日或次日進場買進籌碼。之後該股展開第一波段拉升行情，成交量同步放大。

3月10日，該股開低，股價衝高回落，收出一根長上下影線螺旋槳陰K線，展開縮量回檔洗盤，投資者可以在當日或次日逢高賣出手中籌碼。3月26日，該股以平盤開出，收出一根放量中陽線，股價止跌回升，投資者可以在當日或次日進場買進籌碼。之後該股展開第二波段拉升行情，成交量同步放大。

6月10日，該股開高，股價衝高回落，收出一根長上影線小陰線，展開縮量回檔洗盤，投資者可以在當日或次日逢高賣出手中籌碼。6月25日，該股開高，收出一根放量大陽線，股價止跌回升，投資者可以在當日或次日進場買進籌碼。之後該股展開第三波段拉升行情，成交量同步放大。

7月27日，該股開高，股價回落收出一根大陰線，展開縮量回檔洗盤，投資者可以在當日或次日逢高賣出手中籌碼。8月11日，該股開高，收出一根放量大陽線，股價止跌回升，投資者可以在當日或次日進場買進籌碼。之後該股展開第四波段拉升行情，成交量同步放大。8月26日開始，該股展開快速拉升行情，股價依託5日均線直線上行，期間拉出四個漲停板。

9月16日，和邦生物大幅開高（向上跳空4.80％開盤），股價回落，收出一根烏雲蓋頂中陰線（常見的看跌反轉訊號），成交量較前一交易日放大2倍多，暗示主力機構已經開始在高位大量出貨。

此時，股價遠離30日均線且漲幅大，KDJ等部分技術指標開始走弱，盤面弱勢特徵已經顯現。面對這種情況，投資者如果還有籌碼沒有出完，次日應該逢高清倉。

從該股間斷式放／縮量股價呈波段式上升以來的情況看，自3月1日收出一大陽線漲停板，突破前高（收盤價1.57元），到9月16日收出一根烏雲蓋頂中陰線（收盤價4.64元），漲幅相當大。

3-8

【間斷式放／縮量②】
股價台階式上升到一定高度後，主力進行逼空

　　間斷式放／縮量、股價呈台階式上升，指的是主力機構在對個股進行拉升時，放量拉升到一定高度後，就開始縮量橫盤調整洗盤，清洗獲利籌碼，拉高新進場投資者的入場成本，然後再進行下一台階的放量拉升。量價特徵表現為成交量放大時股價快速上漲，成交量逐漸萎縮時股價橫盤震盪整理。

　　隨著反覆多次的間斷式放／縮量，股價呈台階式上升。股價上升到一定高度後，主力機構一般會開始快速拉升進行逼空，投資者要注意盯盤，等待股票出現調整特徵或明顯見頂訊號時馬上賣出。以下以康緣藥業（600557）為例。

　　圖3-27是康緣藥業2022年1月12日收盤時的K線走勢圖。在此之前，股價從2019年11月8日的最高價18.19元（前期相對高位），一路震盪下跌，至2021年2月4日的最低價8.40元止穩，下跌時間長且跌幅大，期間有過多次幅度較大的反彈。

　　在股價止穩後，主力機構開始迅速推升股價、收集籌碼，然後展開大幅震盪盤升行情。7月2日，該股跳空開高，股價衝高至當日最高價12.47元再回落，收出一根大陰線，展開初期上漲後的回檔洗盤吸籌行情。

　　11月2日，該股開低，股價衝高回落，收出一顆陰十字星，當日股價探至最低價9.22元止穩，回檔洗盤吸籌行情結束。這時投資者可以考慮進場逢低買進籌碼。之後該股展開震盪盤升行情。

　　12月13日，該股開低，收出一根中陽線，突破前高和平台，成交量

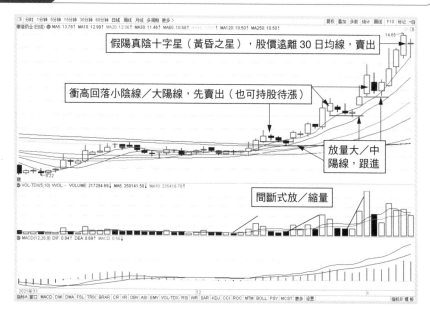

圖3-27　康緣藥業（600557）2022 年 1 月 12 日的 K 線走勢圖

較前一交易日放大近2倍，此時，均線（除了250日均線之外）呈多頭排列，MACD、KDJ等各項技術指標開始走強，股價的強勢特徵已顯現，後市股價上漲的機率大。面對這種情況，投資者可以在當日或次日逢低買進籌碼。之後該股展開間斷式放／縮量第一個台階拉升行情。

12月15日，該股開高，股價衝高回落收出一根陰十字星，成交量較前一交易日萎縮，展開縮量橫盤整理洗盤行情，投資者可以在當日或次日逢高賣出手中籌碼，或是持股待漲。12月20日，該股跳空開高收出一根大陽線，突破前高，成交量較前一交易日放大2倍多，投資者可以在當日或次日進場買進籌碼。之後該股展開第二個台階放量拉升行情。

12月27日，該股開低，股價衝高回落，收出一根螺旋槳陽K線，成交量較前一交易日萎縮，展開縮量橫盤整理洗盤，投資者可以在當日或次日逢高賣出手中籌碼，或是持股待漲。12月31日，該股跳空開高，收出一根大陽線，成交量較前一交易日放大3倍多，投資者可以在當日或

次日進場買進籌碼。之後該股展開第三個台階放量拉升行情。

　　2022年1月5日，該股開低，股價衝高回落，收出一根長上影線大陰線，成交量較前一交易日大幅萎縮，展開縮量橫盤整理洗盤行情，投資者可以在當日或次日逢高賣出手中籌碼，或是持股待漲。次日股價縮量調整一個交易日，收出一根中陽線，投資者可以在當日或次日進場買進籌碼。之後該股展開快速拉升行情。

　　1月12日，康緣藥業跳空開低、收出一顆假陽真陰十字星（高位或相對高位十字星又稱作黃昏之星；高位假陽真陰，千萬小心），成交量較前一日萎縮，顯示股價上漲乏力，主力機構已經開始出貨。此時，股價遠離30日均線且漲幅較大，KDJ等部分技術指標開始走弱，盤面弱勢特徵顯現。面對這種情況，投資者如果還有籌碼沒有出完，次日應該逢高賣出，或是持續追蹤觀察。

　　從該股間斷式放／縮量，股價呈台階式上升的情況來看，自2021年12月13日收出一根放量中陽線（收盤價10.57元），到2022年1月12日收出一根假陽真陰十字星（收盤價14.26元），漲幅不錯。

3-9

【間斷式放／縮量③】

股價複合式上升，
你發現什麼徵兆要立刻撤出？

　　間斷式放／縮量、股價呈複合式上升，指的是主力機構在對個股股價進行拉升時，在放量拉升到一定高度後，採取一種以上的操盤手法，綜合像是台階、波段、逼空等多種操盤手法，靈活運用，對目標股票股價進行拉升。

　　不過其量價特徵仍然表現為拉升時成交量放大、股價快速上漲。橫盤整理洗盤或調整回落洗盤時，成交量逐漸萎縮，股價大致持平或回落。回檔洗盤到位止穩後，個股接著展開下一階段的放量拉升行情。

　　隨著多次反覆的間斷式放／縮量，股價呈一個台階（波段）一個台階（波段）上行。股價上升到一定高度後，主力機構一般都會快速拉升（出貨），面對這種情況投資者要注意盯盤，等待個股出現調整特徵或明顯見頂訊號時要立刻賣出。以下以國機精工（002046）為例。

　　圖3-28（見下頁）是國機精工2021年10月20日收盤時的K線走勢圖。該股在2020年5月上中旬曾有一波大漲，股價從5月6日的收盤價6.13元，幾乎是直線上漲至5月27日的最高價14.50元，然後展開震盪下跌調整行情，股價下跌至2021年2月8日的最低價7.15元止穩，下跌時間較長、跌幅較大，但該股仍處於上升趨勢中，期間有過多次幅度較大的反彈。

　　股價止穩後，主力機構迅速推升股價，收集籌碼，隨後展開橫盤震盪洗盤吸籌行情。

　　4月28日，該股開高，收出一個大陽線（收盤漲幅5.01％），突破前高和平台，成交量較前一交易日放大3倍多。此時，短中期均線呈多

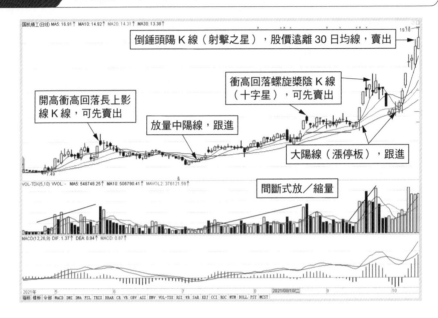

圖3-28 國機精工（002046）2021年10月20日的K線走勢圖

頭排列，MACD、KDJ等各項技術指標開始走強，股價的強勢特徵已經顯現，後市上漲的機率大。面對這種情況，投資者可以在當日或次日進場買進籌碼。之後該股展開間斷式放／縮量複合式拉升行情。

5月26日，該股跳空開高，股價衝高回落，收出一根假陰真陽長上影線倒錘頭K線，成交量較前一交易日大幅放大，展開波段式回檔洗盤吸籌行情，期間成交量呈現逐漸萎縮的狀態，投資者可以在當日或次日逢高賣出手中籌碼。

7月5日，該股以平盤開出，收出一根中陽線，成交量較前一交易日萎縮，股價止穩。7月8日，該股開低，收出一根中陽線，突破前高，成交量較前一交易日放大2倍，加上之前已經收出三根陽線，股價的強勢特徵開始顯現，投資者可以在當日或次日進場買進籌碼。之後該股展開第二階段放量拉升行情。

8月24日，該股開高，股價衝高回落，收出一根小螺旋槳陰K線，

展開縮量台階式橫盤整理洗盤行情，投資者可以在當日或次日逢高賣出手中籌碼，或是持股待漲。9月15日，該股跳空開高，收出一個大陽線漲停板，突破前高和平台，成交量較前一交易日放大2倍多，形成大陽線漲停K線形態。

此時，均線呈多頭排列，MACD、KDJ等各項技術指標走強，股價的強勢特徵已經相當明顯，投資者可以在當日或次日進場買進籌碼。之後該股展開第三階段放量拉升行情。

9月23日，該股跳空開低，股價衝高回落，收出一根長上影線陰十字星、成交量較前一交易日略萎縮，展開波段式縮量回檔洗盤行情，投資者可以在當日或次日逢高賣出手中籌碼。10月12日，該股開低，收出一根大陽線，成交量較前一交易日明顯放大，加上之前已經收出兩根陽線，股價的強勢特徵顯現，投資者可以在當日或次日進場買進籌碼。之後該股展開快速向上拉升行情。

10月20日，該股開低，股價衝高回落，收出一根長上影線倒錘頭陽K線（高位倒錘頭K線又稱作射擊之星、流星線），成交量與前一交易日大致持平，代表股價上漲乏力，主力機構已經開始出貨。

此時，股價遠離30日均線且漲幅較大，KDJ等部分技術指標走弱，盤面弱勢特徵開始顯現。面對這種情況，投資者如果還有籌碼沒有出完，次日應該逢高賣出。

從該股間斷式放／縮量複合式拉升的情況來看，自4月28日該股跳空開高收出一根放量大陽線（收盤價7.97元），到10月20日該股跳空開低、股價衝高回落，收出一根長上影線倒錘頭陽K線（收盤價18.36元），漲幅相當可觀。

第 4 章

強勢漲停量價戰法：
做多賺錢時，更要提防主力對敲

本章概述

　　強勢漲停量價關係，一般是指目標股票隨著成交量的放大，股價同步上漲至漲停板的量增價漲關係。換句話說，就是目標股票在成交量放大的同時，股價也同步上漲至漲停板的量價配合關係。

　　強勢漲停量價關係不只有量增價漲停，受政策面、基本面、主力機構資金面、消息面等因素的影響，強勢漲停量價關係也有多種形式。對於主力機構高度控盤的目標股票，連續出現無量漲停或縮量漲停，在股市（尤其牛市）中是經常發生的事。所以，除了量增價漲停，還有無量價漲停及縮量價漲停的強勢漲停量價關係。

　　對於強勢漲停的目標股票，投資者要重點關注，尤其對目標股票上漲初期出現的無量漲停及縮量漲停，投資者更要特別注意。因為剛開始無量漲停或縮量漲停的目標股票，後市連續拉出漲停板的機率非常大。

　　另外，封上漲停板的時間越早，且當天沒有打開漲停板的個股，後市連續漲停的機率越大；漲停板買盤封單數量越大，後續漲停的可能性也越大，但也要防範主力機構對敲或對倒做盤。

　　本章將介紹無量漲停、縮量漲停、放量漲停和巨量漲停四種強勢漲停量價關係。

4-1 【無量漲停】
若日週轉率低於 4%，表明後市上漲空間大

　　無量漲停，指的是目標股票在成交量極小的情況下，股價就達到漲停板的漲幅限制。特別注意，無量漲停並不是完全沒有成交，只是交易日內成交量極小。一般情況下，漲停當天的週轉率低於4%，可視為成交量極小，確定是無量漲停。無量漲停的週轉率越小越好，低於1%更好，週轉率越小，說明主力機構籌碼高度集中、強勢控盤，後市的上升空間更大。

　　無量漲停一般會發生在主力機構高度控盤、資產重組等重大利多消息、較長時間停牌等特定股票中，尤其在牛市中，比較容易觀察到無量漲停的出現。

　　在實戰操作中，無量漲停基本上是主力機構一開盤，即強勢封停的一字板，以及少數成交量極小的T字板和小陽線漲停板。絕大多數出現在主力機構正在拉升的目標股票中，其後市的發展趨勢，就是接著漲停，直到成交量放大才可能出現滯漲。主力機構無量漲停的目的相當明確，一方面為了吸引市場關注，引誘跟風盤，另一方面為後續的順利出貨打基礎、做準備。

　　投資者應該擺脫傳統慣性思維，多分析、研究並關注漲停個股的走勢，特別需要高度關注無量漲停個股的走勢。同時，重點分析目標股票第一個無量漲停的漲停動因，尤其是主力機構的操盤目的和意圖，才可以做到深入研判，謹慎決策。而且，充分利用集合競價的時機，尋機進場買進籌碼，積極做多。以下以滬光股份（605333）和藍科高新（601798）為例。

圖 4 -1 滬光股份（605333）2021 年 11 月 8 日的 K 線走勢圖

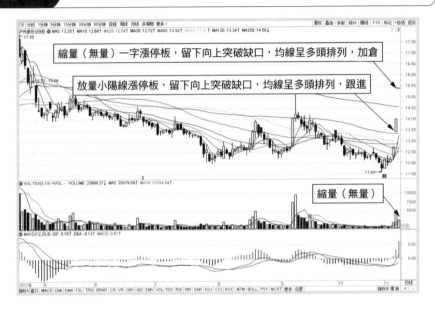

　　圖4-1是滬光股份2021年11月8日的K線走勢圖。該股是2020年8月18日上市的一檔次新股，上市後最高價上漲至9月7日的29元，然後一路震盪下跌，至2021年10月29日的最低價11.60元止跌回穩（又稱作止穩）。該股下跌時間長且跌幅大，期間有多次幅度較大的反彈。下跌後期，主力機構透過反彈、試盤打壓，收集不少籌碼建倉。股價止穩後，主力機構迅速推升股價，繼續收集籌碼。

　　11月5日，該股大幅跳空開高（向上跳空5.51％開盤），收出一個小陽線漲停板（因為「汽車零部件＋新能源汽車」概念炒作），突破前高，留下向上突破缺口，成交量較前一交易日放大近3倍，形成向上突破缺口和小陽線漲停K線形態。

　　此時，短中期均線呈多頭排列，MACD、KDJ等各項技術指標開始走強，股價的強勢特徵已經顯現，後市上漲的機率大。面對這種情況，投資者可以在當日搶漲停板，或在次日進場買進籌碼。

圖4-2　滬光股份（605333）2021 年 11 月 15 日的 K 線走勢圖

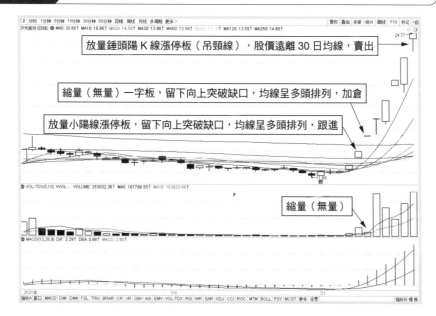

11月8日，滬光股份漲停開盤（至收盤漲停板沒有被打開），收出一個一字漲停板，留下第二個向上突破缺口，成交量較前一交易日大幅萎縮，週轉率為3.82％（屬於無量漲停），形成向上突破缺口和一字漲停K線形態。

此時，均線（除了250日均線之外）呈多頭排列，MACD、KDJ等各項技術指標持續走強，股價強勢特徵已經十分明顯，後市快速上漲的機率非常大。面對這種情況，投資者可以在當日搶漲停板，或在次日進場加倉買進籌碼。

圖4-2是滬光股份2021年11月15日的K線走勢圖，可以看出11月8日該股的確開盤直接封停，至收盤漲停板沒有被打開，收出一個一字漲停板，留下第二個向上突破缺口，形成縮量（無量）一字漲停K線形態，展開快速拉升行情。

從拉升情況來看，主力機構依託5日均線，自11月9日開始，連續拉

出五個漲停板，其中一個T字漲停板（當日T字漲停板的分時走勢顯示投資者如果想進場，完全沒有問題）、一個小陽線漲停板、兩個大陽線漲停板和一個長下影線陽線漲停板，漲幅相當可觀。

11月15日，滬光股份大幅跳空開高（向上跳空7.68％開盤），收出一個長下影線錘頭陽K線漲停板（高位或相對高位的錘頭線又稱作上吊線、吊頸線），成交量較前一交易日明顯放大。

從當日分時走勢來看，該股早盤大幅開高後，股價直線上衝於9：31漲停，9：37漲停板被大賣單砸開、瞬間封回，成交量急速放大。11：11漲停板再次被大賣單砸開，股價震盪整理並回落，尾盤封回漲停板至收盤。

當日漲停板打開時間長、股價高位震盪回落時間長、尾盤封板時間晚，顯露主力機構利用開高、漲停板打開、高位震盪回落、尾盤再封回漲停板等操盤手法，引誘跟風盤進場並大量出貨的意圖。

此時，股價遠離30日均線且漲幅大，KDJ等部分技術指標開始走弱，盤面弱勢特徵已經顯現。面對這種情況，投資者如果手中還有籌碼沒有賣出，次日應該逢高賣出。

圖4-3是滬光股份2021年11月9日的分時走勢圖。這是該股拉出一個無量一字漲停板的次日，當天收出一個放量T字漲停板。

從當日分時走勢來看，該股早盤漲停（16.92元）開盤，瞬間被大賣單砸開，股價最低下探至15.54元，一直到13：22才封回漲停板。之後漲停板被打開、封回反覆多次，收盤以漲停報收。

當天漲停板打開時間長，成交量較前一交易日放大10倍多，只要是想在當日進場買進籌碼的投資者，上午開盤後便可以隨意逢低買進。但是，開盤後出現這種大跌的情況，大多數投資者反而不敢進場買進。主力機構正是抓住這樣的膽怯心理，才敢門戶大開，展開大幅度打壓洗盤吸籌。

其實，像這種在底部區域或上漲初期拉出一字漲停板後的T字板，只要當日有進場機會，投資者完全可以賭一把。不過股市隨時都有機會，站在投資者的角度去考慮，不買也不會失去什麼。

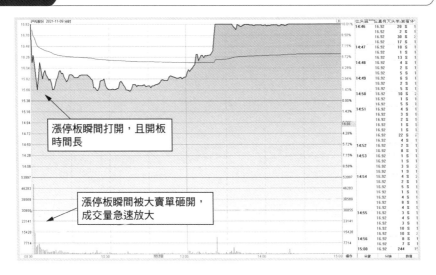

圖4-3 滬光股份（605333）2021 年 11 月 9 日的分時走勢圖

　　圖4-4（見下頁）是藍科高新2021年12月10日的K線走勢圖，可以看出此時該股走勢處於上升趨勢中。在此之前，股價從2020年9月8日的最高價11.59元（前期相對高位），一路震盪下跌，至2021年2月9日的最低價4.65元止穩，下跌時間不長，但跌幅大，期間有過多次幅度較大的反彈。股價止穩後，主力機構快速推升股價，收集籌碼，期間拉出過六個漲停板，都屬於吸籌建倉型漲停板。

　　4月19日，該股開低，股價衝高至當日最高價7.83元再回落，收出一根縮量螺旋槳陰K線，展開初期上漲後的回檔洗盤行情，成交量呈現逐漸萎縮的狀態。

　　5月21日，該股以平盤開出，收出一個大陽線漲停板（建倉型漲停板），成交量較前一交易日明顯放大3倍多。5月24日，該股開高，股價衝高回落，收出一根螺旋槳陽K線，成交量較前一交易日明顯大幅放大，展開橫盤震盪整理挖坑洗盤吸籌行情。

図4-4 藍科高新（601798）2021 年 12 月 10 日的 K 線走勢圖

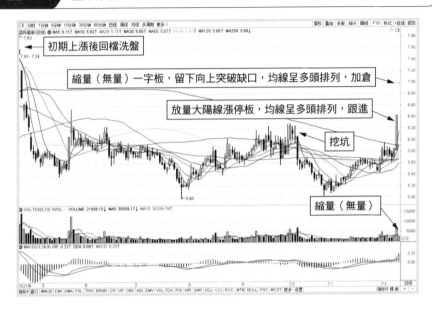

　　10月28日，該股開低，收出一根縮量長下影線陰K線，當日股價探至最低價5.04元止穩，隨後主力機構向上推升股價，繼續收集籌碼，K線走勢呈現紅多綠少、紅肥綠瘦的做多態勢，股價緩慢上漲，底部逐漸抬高。此時，投資者可以考慮進場買進籌碼。

　　12月1日，該股以平盤開出，收出一根大陽線，突破前高，成交量較前一交易日明顯放大，股價向上突破5日、10日、60日、90日和120日均線（一陽穿五線），20日和30日均線在股價下方向上移動，250日均線在股價上方下行，均線形成蛟龍出海形態。

　　此時，均線（除了120日、250日均線之外）呈現多頭排列，MACD、KDJ等各項技術指標走強，股價的強勢特徵已經十分明顯，後市上漲機率大。面對這種情況，投資者可以在當日或次日進場買進籌碼。此後股價連續強勢整理五個交易日，正是投資者進場分批買進籌碼的好時機。

12月9日，該股開低，收出一個大陽線漲停板（因為「海工裝備＋頁岩氣＋氫能源」概念炒作），突破前高，成交量較前一交易日放大2倍多，形成大陽線漲停K線形態。

此時，均線（除了250日均線之外）呈現多頭排列，MACD、KDJ等各項技術指標已經走強，股價的強勢特徵十分明顯，後市快速上漲的機率大。面對這種情況，投資者可以在當日搶漲停板，或是在次日進場買進籌碼。

12月10日，藍科高新直接漲停開盤（至收盤漲停板沒有被打開），收出一個一字漲停板，留下向上突破缺口，成交量較前一交易日大幅萎縮（漲停原因），當日週轉率為0.62％（屬於無量漲停），形成向上突破缺口和一字漲停K線形態。

此時，均線（除了250日均線之外）呈多頭排列，MACD、KDJ等技術指標走強，股價的強勢特徵已經非常明顯，後市持續快速上漲的機率大。面對這種情況，投資者可以在當日搶漲停板，或是在次日進場加倉買進籌碼。

圖4-5（見下頁）是藍科高新2021年12月20日的K線走勢圖，從圖中可以看出，12月10日該股的確漲停開盤，收出一個一字漲停板，留下向上突破缺口，形成縮量（無量）一字漲停K線形態，展開快速拉升行情。

從拉升情況來看，主力機構依託5日均線，自12月13日開始，連續拉出六個漲停板，其中一個一字板（當日週轉率為0.99％，即使投資者在集合競價時，以漲停價掛買單排隊等候，買進的可能性也不大）、兩個T字板（14日T字板當天的分時走勢顯示，投資者有機會進場買進）、兩個大陽線漲停板和一個長下影線陽線漲停板，漲幅非常大。

12月20日，藍科高新開高，收出一個大陽線漲停板，成交量與前一交易日大致持平。

從當日分時走勢來看，該股在早盤開高後，透過兩個波次直線上衝，於9：33觸及漲停後瞬間回落，之後該股漲停、打開再封回，反覆許多次。

> **圖4-5** 藍科高新（601798）2021 年 12 月 20 日的 K 線走勢圖

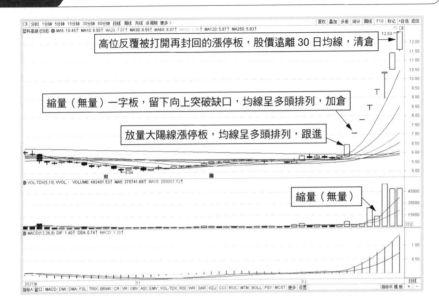

11：25漲停板被打開後，股價急速回落，成交量迅速放大，至13：16封回漲停板，當日漲停板打開時間較長，被砸出的坑也較深，顯露主力機構利用開高、漲停板反覆打開封回的操盤手法，引誘跟風盤進場，以大量出貨的意圖。

此時，股價遠離30日均線且漲幅大，KDJ等部分技術指標開始走弱，盤面弱勢特徵已經顯現。面對這種情況，投資者如果手中還有籌碼沒有出完，次日應該逢高清倉。

圖4-6是藍科高新2021年12月14日開盤後至9：32的分時截圖。該股當日收出的是一個T字漲停板，成交量較前一交易日放大6倍多，週轉率達6.84％。

從分時截圖來看，該股當日漲停開盤，瞬間被萬手以上大賣單砸開一個小口，股價最低下探至8.31元，9：32左右封回漲停板。開盤後盤面右邊的成交明細也可以看出，漲停板剛被砸開時，成千上萬手的賣盤

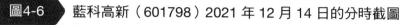

圖4-6 藍科高新（601798）2021 年 12 月 14 日的分時截圖

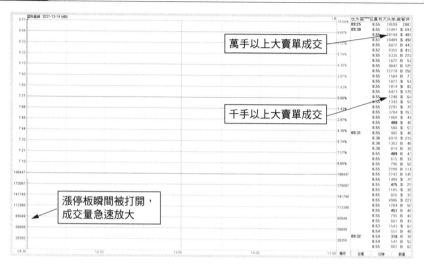

迅速成交，投資者如果在集合競價時，以漲停價掛買單排隊等候買進，成交的可能性非常大。

4-2

【縮量漲停①】
發生在上漲中途，
突然顯現小陽線、一字等漲停板

　　縮量漲停，是指目標股票的成交量相對於前一交易日萎縮情況下的漲停。要注意的是，縮量漲停只是一個相對性的概念，縮量到什麼程度難以用百分比定義，這與主力機構籌碼鎖定程度和控盤力度關係密切，需要投資者根據其他技術指標或資料進行研究分析。

　　一般情況下，主力機構在對目標股票完成建倉、洗盤以及初期上漲後，就會採取縮量漲停的手法拉升股價。具體操盤手法就是率先掛上大買單，阻止散戶進場買進籌碼。由於主力機構大買單封板，手中有籌碼的其他投資者也會趨向看好後市，不急著賣出，加上散戶無法進場買進籌碼，成交量自然萎縮。

　　縮量漲停一般發生在主力機構籌碼鎖定好、控盤程度高的目標股票，或是有重組等重大利多消息等特定股票中。在牛市也普遍常見縮量漲停。

　　從實戰操作來看，縮量漲停基本上是主力機構開盤即封停的一字板、T字板，以及少數成交量較小的小陽線漲停板。多數出現在主力機構正在拉升的目標股票中，且大部分處於股價上漲的初、中期，其後市的發展趨勢就是接著漲停，直到成交量放大才可能出現滯漲。面對這種情況，投資者要充分利用集合競價、漲停板瞬間打開的時機，尋機進場買進籌碼，積極做多。

　　少數經過較大幅度上漲的目標股票，在調整洗盤後，再次啟動時也會出現縮量漲停的走勢，對於這種走勢，投資者當然也可以參與做多，但要注意盯盤觀察，一旦出現放量滯漲的現象，就要馬上賣出。主力機

構縮量漲停的目的相當明確，為了獲利並吸引市場關注，引誘跟風盤，也為後面順利出貨打好基礎。

上漲中途的縮量漲停，是指主力機構對目標股票展開反覆震盪洗盤並初期上漲後，在確定籌碼已經大致集中和鎖定的情況下，對股價進行快速拉升，期間收出或連續收出縮量漲停板。主力機構前期所做的一切鋪陳，都是為了最後的快速拉升。主力機構快速拉升的意圖和目的，大家顯然心知肚明，說白了就是獲利及出貨。

上漲中途縮量漲停的走勢各不相同。在K線走勢上，多在股價上漲途中突然出現縮量漲停的一字板、T字板和小陽線漲停板走勢。在分時走勢上，則表現在某個交易日漲停開盤至收盤成交萎縮、漲停開盤後漲停板被打開又迅速封回至收盤成交萎縮、大幅開高後股價一路走高，主力機構突然發力封上漲停板至收盤成交萎縮等走勢。

上漲中途出現的縮量漲停走勢，預示主力機構將展開一波拉升行情。如果投資者在實戰操作中遇到這種走勢的個股，一定要高度重視，積極尋機進場買進籌碼，等待股價出現明顯見頂訊號時再賣出，原則上都會有不錯的收穫。以下以啟明信息（002232）和延華智能（002178）為例。

圖4-7（見下頁）是啟明信息2021年12月2日的K線走勢圖，可以看出此時該股走勢處於上升趨勢中。在此之前，股價從2020年8月13日的最高價17.07元（前期相對高位），一路震盪下跌，至2021年10月28日的最低價9.30元止穩，下跌時間較長、跌幅較大，期間有過多次幅度大的反彈。

股價止穩後，主力機構快速推升股價，收集籌碼，K線走勢呈紅多綠少、紅肥綠瘦的做多態勢，底部逐漸抬高。此時，投資者可以考慮進場買進籌碼。

11月17日，該股開低，收出一個大陽線漲停板，突破前高，成交量較前一交易日明顯放大，形成大陽線漲停K線形態。當日股價向上突破5日、60日、90日、120日和250日均線（一陽穿五線），10日、20日和30日均線在股價下方向上移動，均線形成蛟龍出海形態。

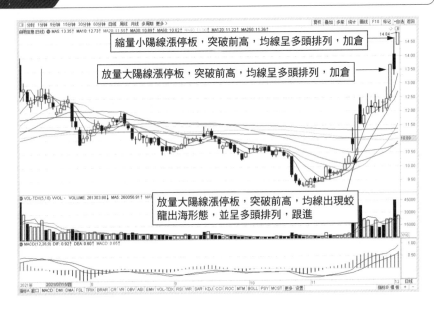

　　此時，均線（除了90日均線之外）呈多頭排列，MACD、KDJ等各項技術指標走強，股價的強勢特徵已經十分明顯，後市上漲的機率大。面對這種情況，投資者可以在當日搶漲停板，或在次日進場買進籌碼。之後，主力機構慢慢向上推升股價，正是投資者進場逢低分批買進籌碼的好時機。

　　11月30日，該股開高，收出一個大陽線漲停板，突破前高，成交量與前一交易日大致持平。此時，均線呈多頭排列，MACD、KDJ等各項技術指標持續走強，股價的強勢特徵已經非常明顯，後市快速上漲的機率非常大。面對這種情況，投資者可以在當日搶漲停板，或在次日進場加倉買進籌碼。次日股價調整一個交易日，也是進場的好時機。

　　12月2日，啟明信息大幅跳空開高（向上跳空6.75％開盤），收出一個小陽線漲停板（因為「汽車電子＋新能源汽車＋EDR」概念炒作），突破前高，成交量較前一交易日縮小近2倍（漲停原因），形成

圖4-8　啟明信息（002232）2021年12月14日的K線走勢圖

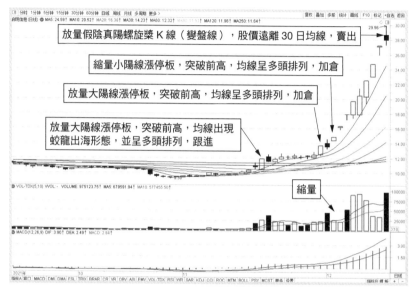

縮量小陽線漲停K線形態。

　　此時，均線呈多頭排列，MACD、KDJ等各項技術指標走強，股價的強勢特徵非常明顯，後市持續快速上漲的機率非常大。面對這種情況，投資者可以在當日搶漲停板，或在次日進場加倉買進籌碼。

　　圖4-8是啟明信息2021年12月14日的K線走勢圖，可以看出12月2日該股的確收出一個縮量小陽線漲停板，突破前高，開啟快速拉升行情。從拉升情況來看，主力機構依託5日均線，採取盤中洗盤，急速拉升的操盤手法進行拉升，自12月3日至13日，七個交易日拉出六個漲停板，其中三個T字板（12月3日、6日T字板當天的分時走勢顯示投資者有機會進場）、兩個大陽線漲停板和一個小陽線漲停板，漲幅非常大。

　　12月14日，啟明信息大幅跳空開高（向上跳空5.36％開盤），收出一根假陰真陽螺旋槳K線（高位或相對高位的螺旋槳K線又稱作變盤線、轉勢線），成交量較前一交易日放大近3倍，顯露主力機構利用開

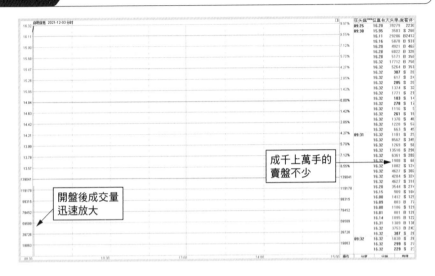

圖4-9 啟明信息（002232）2021 年 12 月 3 日的分時截圖

高、盤中衝高、高位震盪等手法，引誘跟風盤進場並大量出貨的意圖。

此時，股價遠離30日均線且漲幅大，KDJ等部分技術指標開始走弱，盤面弱勢特徵已經顯現。面對這種情況，投資者如果手中還有籌碼沒有出完，次日應該逢高賣出。

圖4-9是啟明信息2021年12月3日開盤後至9：32的分時截圖，這是該股12月2日收出一個縮量小陽線漲停板的次日早盤。從K線走勢來看，當日收出一個小T字漲停板，成交量較前一交易日萎縮，週轉率為5.39％。從分時走勢來看，該股大幅跳空開高（向上跳空9.16％開盤），股價急速上衝封上漲停板，再聚焦於這2分多鐘的截圖，開盤後成交量非常大。

從盤面右邊開盤時的成交明細也可以看出，開盤後買盤和賣盤的量都非常大，尤其是漲停後成千上萬手的賣盤成交不少。另外，從9：32封上漲停板後至下午收盤，都還有大量的成交，如果投資者當日有意進場，只要在集合競價時，以漲停價掛買單、排隊等候買進，都有機會可以成交。

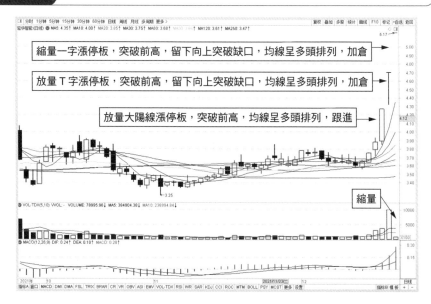

圖4-10　延華智能（002178）2021 年 12 月 21 日的 K 線走勢圖

　　圖4-10是延華智能2021年12月21日的K線走勢圖，可以看出此時該股走勢處於上升趨勢中。在此之前，股價從2020年4月23日的最高價5.65元（前期相對高位），一路震盪下跌，至2021年2月4日的最低價2.49元止穩，下跌時間較長、跌幅較大，而且期間發生多次大幅度的反彈。

　　股價止穩後，主力機構快速推升股價，收集籌碼，接著展開大幅震盪盤升行情，低買高賣賺取價差，獲利與洗盤吸籌並舉，期間收出過九個漲停板，多數為吸籌建倉型漲停板，震盪盤升期間成交量呈現間斷性放大的狀態。

　　12月17日，大幅震盪盤升行情持續10個多月後，該股開高，收出一個大陽線漲停板（因為「數字孿生＋智慧城市」概念炒作），突破前高，成交量較前一交易日明顯放大，形成大陽線漲停K線形態。此時，均線呈多頭排列，MACD、KDJ等各項技術指標走強，股價的強勢特徵

相當明顯，後市上漲的機率大。面對這種情況，投資者可以在當日搶漲停板，或在次日進場加倉買進籌碼。

12月20日，該股漲停開盤，收出一個T字漲停板，突破前高，留下向上跳空突破缺口，成交量較前一交易日放大2倍多，形成向上突破缺口和T字漲停K線形態。此時，均線呈多頭排列，MACD、KDJ等各項技術指標持續走強，股價的強勢特徵已經非常明顯，後市持續快速上漲的機率非常大。面對這種情況，投資者可以在當日進場搶漲停板（從當日分時走勢來看，有機會進場買進），或在次日進場加倉買進籌碼。

12月21日，延華智能漲停開盤，收出一個一字漲停板，突破前高，留下向上突破缺口，成交量較前一交易日縮小12倍多，形成向上突破缺口和縮量一字漲停K線形態。此時，股價的強勢特徵非常明顯，後市持續快速上漲的機率也非常大。面對這種情況，投資者仍然可以在當日搶漲停板，或在次日進場買進籌碼。

圖4-11是延華智能2021年12月27日的K線走勢圖，可以看出12月21日該股收出一個縮量一字漲停板，突破前高後，股價持續快速上漲。從拉升情況來看，主力機構12月21日拉出一個縮量一字漲停板後，又拉出三個漲停板，其中一個T字板、一個大陽線漲停板，一個長下影線陽線漲停板，漲幅不錯。

12月27日，延華智能開高，股價回落，收出一根烏雲蓋頂大陰線（常見的看跌反轉訊號），成交量較前一交易日略有萎縮。從當日分時走勢來看，盤中多次拉高、幾度跌停，顯露主力機構利用盤中拉高的手法，吸引跟風盤進場並出貨的意圖。此時，股價遠離30日均線且漲幅大，MACD、KDJ等技術指標開始走弱，盤面弱勢特徵已經顯現。面對這種情況，投資者如果還有籌碼沒有出完，次日應該逢高清倉。

圖4-12是延華智能2021年12月20日星期一早上開盤後至下午開盤時的分時截圖，這是主力機構在12月17日拉出一個放量大陽線漲停板的次日上午。

從K線走勢來看，該股當日收出一個T字漲停板，成交量較前一交易日放大2倍多，週轉率達到14.20％。從分時走勢來看，該股早盤漲停

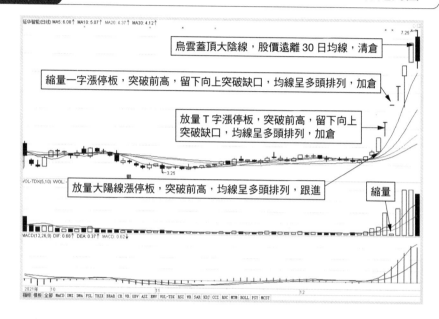

圖4-11　延華智能（002178）2021 年 12 月 27 日的 K 線走勢圖

烏雲蓋頂大陰線，股價遠離 30 日均線，清倉

縮量一字漲停板，突破前高，留下向上突破缺口，均線呈多頭排列，加倉

放量 T 字漲停板，突破前高，留下向上突破缺口，均線呈多頭排列，加倉

放量大陽線漲停板，突破前高，均線呈多頭排列，跟進

縮量

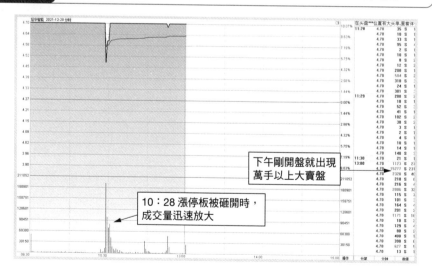

圖4-12　延華智能（002178）2021 年 12 月 20 日的分時截圖

下午剛開盤就出現萬手以上大賣盤

10：28 漲停板被砸開時，成交量迅速放大

開盤，10：28漲停板被上萬手的大賣單砸開，其中一筆97672手的大賣單將股價從漲停價4.70元直接砸到4.53元，最低下探至4.32元，10：31封回漲停板。

11：16左右漲停板又被砸開一次，雖然很快被封回，但賣盤的量還是非常大，都是幾千手以上的大單，一直到上午收盤，千手以上的賣盤還是有大量成交。如果投資者當日有意想進場，只要是在集合競價時或開盤後，以漲停價掛買單排隊等候，當天都能成交。

4-3

【縮量漲停②】
在高位回檔洗盤後看到，
可以做多但應關注什麼？

　　相對高位回檔洗盤後的縮量漲停，是指主力機構將目標股票拉升到一定高度後，進行短暫的強勢調整洗盤，然後再快速拉升，期間收出或連續收出縮量漲停板。

　　相對高位回檔洗盤後，縮量漲停的走勢各不相同。在K線走勢上，通常會出現突然縮量漲停的一字板、T字板和小陽線漲停板走勢。在分時走勢上，則表現為某個交易日漲停開盤至收盤成交量萎縮；漲停開盤後，漲停板被打開，又迅速封回至收盤成交量萎縮；大幅開高後，股價一路走高，主力機構突然發力，封上漲停板至收盤成交量萎縮等現象。

　　相對高位回檔洗盤後縮量漲停，在大多數情況下，代表多方的做多心態轉變，興趣逐漸減弱，做多資金的參與力度逐漸減弱。同時，意味主力機構快速拉升是為了引起市場關注，引誘跟風盤進場接盤，透過拉升來實現出貨及獲利的意圖和目的。

　　對於相對高位回檔洗盤後的縮量漲停，投資者可以參與做多，但要小心謹慎，注意盯盤觀察，關注量能和K線、均線形態的變化，當出現放量滯漲或明顯見頂訊號時，要馬上賣出。以下以太極集團（600129）和會稽山（601579）為例。

　　圖4-13（見下頁）是太極集團2021年12月31日的K線走勢圖，可以看出此時該股走勢處於上升趨勢中。在此之前，股價從2021年7月1日的最高價22.82元（前期相對高位）震盪回落，展開回檔洗盤行情，至9月27日最低價14.24元止穩，回檔洗盤時間不長，但回檔幅度較大。股價止穩後，該股展開震盪盤升洗盤吸籌行情，K線走勢呈現紅多綠少、紅

圖4-13 太極集團（600129）2021 年 12 月 31 的 K 線走勢圖

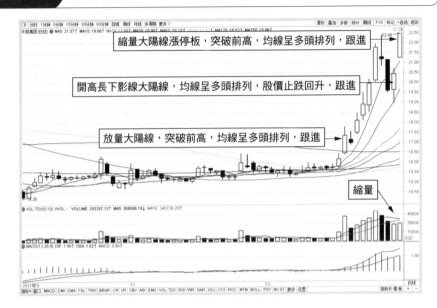

肥綠瘦的做多態勢。此時，投資者可以考慮進場買進籌碼。

12月20日，該股跳空開高，收出一根大陽線（從當日分時走勢來看，股價盤中漲停時間將近40分鐘），突破前高，成交量相較於前一交易日放大2倍多。

這個時候，均線（除了90日、120日均線之外）呈現多頭排列，MACD、KDJ等各項技術指標走強，股價的強勢特徵相當明顯，後市上漲的機率大。面對這種情況，投資者可以在當日或次日進場買進籌碼。次日該股調整一個交易日，也是投資者進場的好時機。之後股價幾乎是一路直線上漲。

12月28日，該股開低，股價衝高至當日最高價22.37元再回落，收出一根長上影線陰十字星，成交量較前一交易日萎縮，主力機構展開縮量回檔洗盤行情。30日該股開高，收出一根長下影線大陽線，成交量較前一交易日略有萎縮，股價止跌回升。此時均線呈多頭排列，MACD、

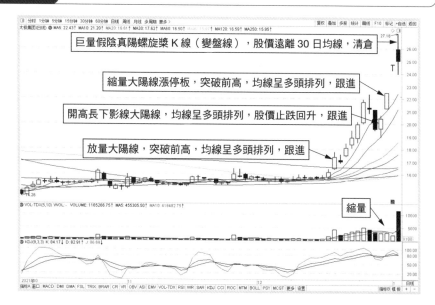

圖4-14　太極集團（600129）2022年1月5日的K線走勢圖

KDJ等各項技術指標開始走強，股價的強勢特徵比較明顯，後市上漲機率較大。面對這種情況，投資者可以在當日或次日進場買進籌碼。

12月31日，太極集團跳空開高，收出一個大陽線漲停板，突破前高，成交量與前一交易日大致持平，屬於相對高位回檔洗盤後的縮量漲停，形成縮量大陽線漲停K線形態。面對這種情況，投資者可以在當日進場搶漲停板（從當日分時走勢來看，投資者想進場買進是有機會的），持股待漲，等待股價出現明顯見頂訊號時再賣出。

圖4-14是太極集團2022年1月5日的K線走勢圖，可以看出2021年12月31日該股的確收出一個縮量大陽線漲停板，2022年1月4日該股又收出一個縮量T字漲停板，相對高位回檔洗盤後的漲幅不錯。

1月5日，太極集團大幅跳空開高（向上跳空5.02％開盤），股價回落，收出一根假陰真陽螺旋槳K線（高位或相對高位的螺旋槳K線又稱作變盤線、轉勢線），成交量較前一交易日放大5倍多。

太極集團（600129）2021 年 12 月 31 日的分時截圖

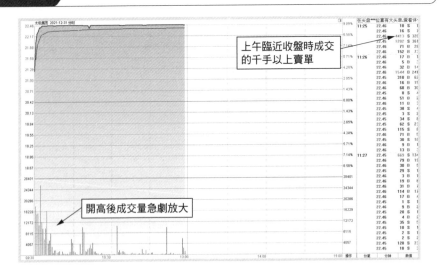

上午臨近收盤時成交的千手以上賣單

開高後成交量急劇放大

從分時走勢來看，當日股價盤中衝高一度觸及漲停，然後震盪回落，尾盤有所拉高，顯露主力機構利用大幅開高、盤中拉高的操盤手法，吸引跟風盤進場接盤並大量出貨的意圖。

此時，股價遠離30日均線且漲幅較大，KDJ等部分技術指標開始走弱，盤面弱勢特徵已經顯現。面對這種情況，投資者如果還有籌碼沒有出完，次日應該逢高清倉。

圖4-15是太極集團2021年12月31日開盤後至11：30的分時截圖。從K線走勢來看，這是主力機構在回檔洗盤後，拉出第一個縮量大陽線漲停板的當天上午，當日週轉率為5.27％。

從分時走勢來看，該股早盤大幅向上跳空開高（向上跳空4.02％開盤），9：34封上漲停板。開盤後成交量急劇放大，之後漲停板多次被打開再封回，雖然打開的缺口不大、下探的幅度也不深，但賣盤的量還是非常大。投資者如果當日想進場，只要在開盤後迅速掛買單跟進都有機會成功。

圖4-16是會稽山2022年4月28日的K線走勢圖，可以看出此時該股

圖4-16　會稽山（601579）2022 年 4 月 28 日的 K 線走勢圖

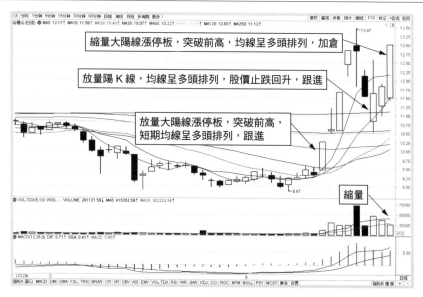

整體走勢處於上升趨勢中。在此之前，股價從2021年6月7日的最高價14.61元（前期相對高位）震盪回落，展開回檔洗盤行情，至2022年4月12日的最低價8.87元止穩，回檔洗盤時間較長，跌幅較大。下跌後期，主力機構透過反彈、試盤打壓股價，收集不少籌碼。股價止穩後，主力機構快速推升股價，收集籌碼。

　　4月18日，該股跳空開高，收出一個大陽線漲停板，突破前高，成交量較前一交易日放大近3倍，形成大陽線漲停K線形態。此時，短期均線呈多頭排列，MACD、KDJ等各項技術指標走強，股價的強勢特徵開始顯現，後市上漲的機率大。面對這種情況，投資者可以在當日或次日進場買進籌碼。

　　4月19日，該股跳空開高，股價回落，主力機構調整一個交易日，收出一顆陽十字星，留下向上跳空突破缺口，也是投資者進場的好時機。4月20日、21日，主力機構連續拉出兩個漲停板。次日該股開高，

股價衝高至當日最高價13.47元再回落，收出一根陰十字星，成交量相較於前一交易日放大近3倍，展開回檔洗盤行情，成交量呈現逐漸萎縮的狀態。

4月26日，該股開低，股價衝高回落，收出一根長上下影線陽K線，成交量較前一交易日放大近2倍，股價止跌回升。此時，均線呈多頭排列，MACD等部分技術指標開始走強，股價的強勢特徵顯現，後市上漲的機率較大。面對這種情況，投資者可以在當日進場買進籌碼。次日該股收出一根中陽線，也是投資者進場的好時機。

4月28日，會稽山開低，收出一個大陽線漲停板，突破前高，成交量較前一交易日明顯萎縮，屬於相對高位回檔洗盤後的縮量漲停，形成縮量大陽線漲停K線形態。

此時，均線呈多頭排列，MACD、KDJ等技術指標已經走強，股價的強勢特徵相當明顯，後市持續快速上漲的機率大。投資者可以在當日進場搶漲停板（從當日分時走勢來看，投資者想進場買進是有機會的），或在次日進場加倉買進籌碼，持股等漲，等待股價出現明顯見頂訊號時再賣出。

圖4-17是會稽山2022年5月13日的K線走勢圖，從圖中可以看出，4月28日該股的確收出一個縮量大陽線漲停板，突破前高，形成縮量大陽線漲停K線形態。

4月29日，該股大幅跳空開高，股價衝高回落，收出一根中陰線，股價調整一個交易日，正是投資者進場的好時機。之後，主力機構快速向上拉升股價。

從拉升情況來看，主力機構依託5日均線，採取直線拉升、盤中洗盤、迅速拔高的操盤手法，急速向上拉升股價，至5月12日，七個交易日收出六根陽線（一根是假陰真陽K線），其中四個漲停板（三個大陽線漲停板，一個長下影線陽線漲停板）。

股價從4月28日該股開低拉出一個縮量大陽線漲停板（收盤價13.01元），到5月12日收出一根螺旋槳陽K線（收盤價19.46元），漲幅可謂相當不錯。

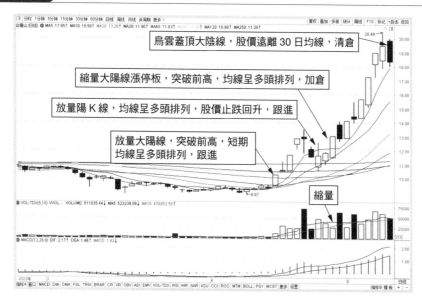

圖4-17　會稽山（601579）2022年5月13日的K線走勢圖

5月13日，會稽山開高，股價回落，收出一根烏雲蓋頂大陰線（常見的看跌反轉訊號），成交量較前一交易日略有萎縮，顯露主力機構利用開高、盤中拉高的操盤手法，吸引跟風盤進場並出貨的意圖，同時代表主力機構出貨態度堅決。

此時股價遠離30日均線且漲幅大，KDJ等部分技術指標開始走弱，盤面弱勢特徵已經顯現。面對這種情況，投資者如果還有籌碼沒有出完，次日應該逢高清倉。

圖4-18（見下頁）是會稽山2022年4月28日開盤後至9：37的分時截圖。這是主力機構在回檔洗盤結束後，收出第一個縮量大陽線漲停板的當日早盤。成交量較前一交易日大幅萎縮，週轉率為5.25％。

從分時截圖來看，該股當天開低，9：36封上漲停板，再聚焦於截圖的這6分鐘，早盤開盤後，股價分兩個波次快速封上漲停板，成交量迅速放大。盤面右邊9：37的成交明細也可以看出，9：36封上漲停板

圖4-18 會稽山（601579）2022 年 4 月 28 日的分時截圖

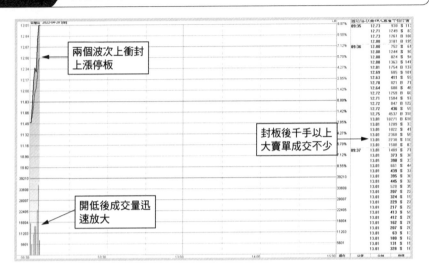

後，千手以上的大賣單成交不少。

當日全天的分時成交顯示，9：50至9：54有連續的成千上萬手大賣單密集成交。如果投資者當日想進場買進籌碼，只要在開盤後迅速掛單買進，應該都能成交。

4-4 【放量漲停①】
出現在低位或底部，
K線形態主要是大陽線和⋯⋯

　　放量漲停，是指目標股票的成交量相對於前一交易日放大的漲停，換句話說，就是成交量大幅度放大而產生的漲停。

　　出現放量漲停有很多原因，可能是有獲利籌碼賣出，或是有解套盤在漲停過程中賣出，也可能是主力機構獲利出逃，關鍵要看放量漲停板在個股K線走勢中所處的位置。本書中我們只分析相對低位股價啟動上漲和上漲途中的強勢放量漲停，對於相對高位或連續漲停後的放量漲停則不做分析。

　　一般情況下，主力機構在對目標股票完成建倉、洗盤及初期上漲後，都會採取拉漲停的操盤手法快速拉升股價。不過，是以縮量封漲停還是放量封漲停，還是要看主力機構的控盤程度、操盤目的和意圖。

　　但是不管主力機構如何操盤，對於股價在相對低位啟動不久或在上漲途中出現的放量漲停，都意味主力機構開啟拉升行情，後市獲利的機率很大，投資者可以勇敢進場買進籌碼。

　　從實戰操作來看，放量漲停一般是開盤後股價向上衝高或穩步上漲拉出的漲停板，漲停的K線形態以大陽線漲停板、長下影線漲停板或T字板為主，也有少數放量漲停的小陽線漲停板。

　　放量漲停大多出現在股價突破前高、平台或前期密集成交區，且當日漲停的目標股票中。有些個股在突破後會出現強勢調整洗盤，但其後市整體發展趨勢還是接著漲停，直到股價出現較大幅度的上漲，或是成交量放大，才可能出現滯漲。面對這種情況，投資者要充分利用集合競價、漲停板瞬間打開的時機，尋機進場買進籌碼，積極做多。

對於上漲途中出現的放量漲停，投資者當然也可以參與做多，但要注意盯盤觀察，出現放量滯漲時要馬上賣出。主力機構放量漲停（尤其是尾盤對敲或對倒放量）的目的，就是吸引市場，引誘跟風盤進場接盤，以便順利出貨。

相對低位（底部）的放量漲停，是指主力機構對經過長期震盪下跌、跌幅較大的目標股票，在完成建倉、橫盤震盪洗盤吸籌後，確定籌碼鎖定性較好、控盤程度較高的情況下，放量拉升股價至漲停的行為。

當個股相對低位（底部）放量漲停，意味主力機構已經啟動拉升行情，後市獲利的機率很大，投資者要勇敢尋機進場買進籌碼，積極做多。以下以風範股份（601700）和精華製藥（002349）為例。

圖4-19是風範股份2021年12月14日的K線走勢圖，可以看出此時該股整體走勢處於上升趨勢中。在此之前，股價從2019年12月20日的最高價8.23元（前期相對高位），一路震盪下跌，至2021年7月28日的最低價3.83元止穩，下跌時間長、跌幅大，期間有過多次幅度較大的反彈。

股價止穩後，主力機構快速推升股價，收集籌碼，然後展開震盪盤升行情，低買高賣賺取價差，獲利與洗盤吸籌並舉，震盪盤升期間成交量呈現間斷性放大的狀態。

11月17日，該股以平盤開出，收出一個大陽線漲停板，突破前高，成交量較前一交易日放大6倍多，形成大陽線漲停K線形態。當日股價向上突破5日、10日、30日、60日、90日、120日和250日均線（一陽穿七線），20日均線在股價下方向上移動，均線形成蛟龍出海形態。

此時，均線呈現多頭排列，MACD、KDJ等各項技術指標走強，股價的強勢特徵已經十分明顯。面對這種情況，投資者可以考慮進場，逢低分批買進籌碼。

11月18日，該股大幅跳空開高，股價衝高回落，收出一根陽十字星，成交量較前一交易日放大2倍多，展開縮量回檔洗盤行情。投資者可以在當日或次日逢高賣出手中籌碼，待回檔到位後再將籌碼買回，或是先持股，觀察回檔的幅度再做決策。

12月13日，該股開高，收出一個大陽線漲停板（因為「柔性直流輸

圖4-19　風範股份（601700）2021 年 12 月 14 日的 K 線走勢圖

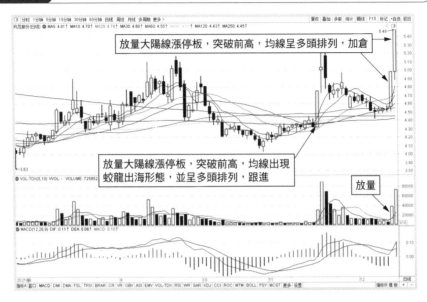

電＋智能電網」概念炒作），突破前高，成交量較前一交易日放大6倍多，形成大陽線漲停K線形態。

　　當日股價向上突破5日、10日、20日、30日和60日均線（一陽穿五線），90日、120日和250日均線在股價下方向上移動，均線形成蛟龍出海形態。此時，均線呈多頭排列，MACD、KDJ等各項技術指標走強，股價的強勢特徵已經非常明顯，後市持續快速上漲的機率大。面對這種情況，投資者可以在當日搶漲停板，或在次日進場加倉買進籌碼。

　　12月14日，風範股份以平盤開出，再次收出一個大陽線漲停板，突破前高，成交量較前一交易日放大近2倍，形成大陽線漲停K線形態。此時，均線呈多頭排列，MACD、KDJ等各項技術指標持續走強，股價的強勢特徵已經特別明顯，後市持續快速上漲的機率非常大。面對這種情況，投資者可以在當日搶漲停板，或在次日進場加倉買進籌碼，持股待漲，等待股價出現明顯見頂訊號時再賣出。

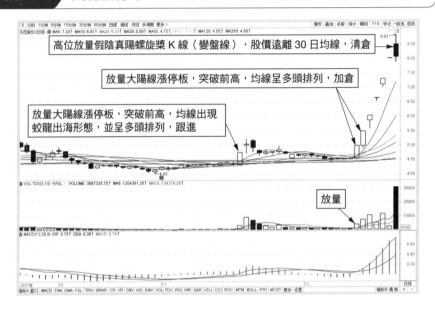

圖4-20 風範股份（601700）2021年12月21日的K線走勢圖

圖4-20是風範股份2021年12月21日的K線走勢圖，可以看出12月13日、14日，該股的確連續收出兩個放量大陽線漲停板，突破前高，形成大陽線漲停K線形態。之後，主力機構快速向上拉升股價。

從拉升情況來看，主力機構依託5日均線，採取直線拉升、盤中洗盤的操盤手法，急速向上拉升股價，至12月20日，四個交易日收出四個漲停板，其中一個一字漲停板、一個T字漲停板、兩個小陽線漲停板（12月15日小陽線漲停板的分時走勢顯示，投資者有機會在當日進場買進）。股價自12月14日主力機構開低收出一個放量大陽線漲停板（收盤價5.48元），到12月20日收出一個一字漲停板（收盤價8.02元），漲幅非常可觀。

12月21日，風範股份大幅跳空開高（向上跳空5.99％開盤），股價衝高回落，收出一根假陰真陽螺旋槳K線（高位或相對高位的螺旋槳K線又稱作變盤線、轉勢線），成交量較前一交易日放大12倍多。

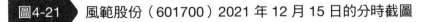

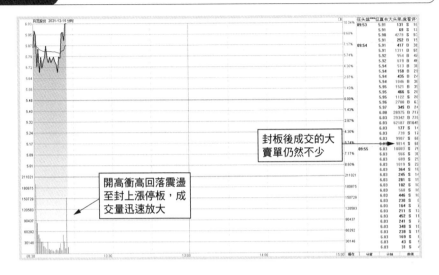

圖4-21　風範股份（601700）2021年12月15日的分時截圖

從分時走勢來看，該股早盤大幅開高後，股價震盪走高，於9：39封上漲停板，9：44漲停板被大賣單砸開，之後股價展開高位震盪整理，尾盤有所拉高後震盪回落至收盤，顯露主力機構利用開高衝高、漲停誘多、高位震盪、尾盤拉高的操盤手法，引誘跟風盤進場並大量出貨的意圖。

此時，股價遠離30日均線且漲幅大，KDJ等部分技術指標開始走弱，盤面弱勢特徵已經顯現。面對這種情況，投資者如果還有籌碼沒有出完，次日應該逢高清倉。

圖4-21是風範股份2021年12月15日開盤後至9：55的分時截圖。這是該股主力機構在回檔洗盤結束後，收出的第三個漲停板（小陽線漲停板）當日，成交量較前一交易日明顯放大，週轉率為9.21％。

從分時截圖來看，該股早盤大幅跳空開高（向上跳空6.93％開盤），股價衝高回落，展開高位震盪整理，9：54封上漲停板。早盤開高後，成交量急速放大，盤面右邊9：55的成交明細顯示，9：54最後一筆62187手大買盤將股價封上漲停板（6.03元），但是此後成交的大賣

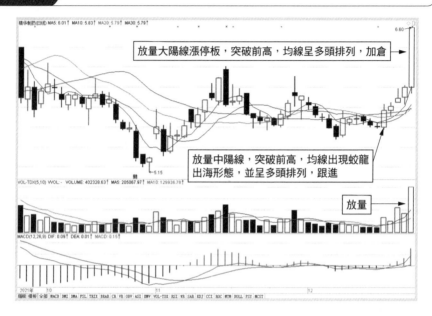

圖4-22 ┃ 精華製藥（002349）2021 年 12 月 22 日的 K 線走勢圖

> 放量大陽線漲停板，突破前高，均線呈多頭排列，加倉

> 放量中陽線，突破前高，均線出現蛟龍出海形態，並呈多頭排列，跟進

> 放量

單還是不少。

　　由於該股開高衝高回落震盪，至封上漲停板的間隔時間較長，成交量較大，下探幅度較深，投資者如果當日想要進場，只要在開盤後視情況迅速掛買單跟進，都能成交。

　　圖4-22是精華製藥2021年12月22日的K線走勢圖，可以看出此時該股整體走勢處於上升趨勢中。在此之前，股價從2017年3月14日除權除息後的最高價14.45元（前期相對高位），一路震盪下跌，至2021年2月4日的最低價3.96元止穩，下跌時間長、跌幅大，期間有過多次幅度較大的反彈。

　　股價止穩後，主力機構快速推升股價，收集籌碼，然後展開大幅震盪盤升行情，低買高賣賺取價差，獲利與洗盤吸籌並舉，期間收出過四個漲停板，都屬於吸籌建倉型漲停板，震盪盤升期間成交量呈現間斷性放大的狀態。

12月16日，該股以平盤開出，收出一根中陽線，突破前高，成交量較前一交易日放大2倍多。當日股價向上突破5日、10日、20日、30日和120日均線（一陽穿五線），60日和90日均線在股價上方下行，250日均線在股價下方向上移動，均線形成蛟龍出海形態。

此時，均線（除了60日、90日均線之外）呈多頭排列，MACD、KDJ等各項技術指標開始走強，股價的強勢特徵顯現，此時投資者可以考慮進場買進籌碼。之後股價穩步向上盤升，也是投資者進場逢低買進籌碼的好時機。

12月22日，精華製藥以平盤開出，收出一個大陽線漲停板（因為「利托那韋系列中間體＋生物醫藥」概念炒作），突破前高，成交量較前一交易日放大2倍多，形成大陽線漲停K線形態。

此時，均線呈現多頭排列，MACD、KDJ等各項技術已經走強，股價的強勢特徵非常明顯，後市持續快速上漲的機率相當大。面對這種情況，投資者可以在當日搶漲停板，或在次日進場加倉買進籌碼。

圖4-23（見下頁）是精華製藥2022年1月18日的K線走勢圖，可以看出12月22日該股的確收出一個放量大陽線漲停板，突破前高，形成大陽線漲停K線形態。12月23日，股價調整一個交易日，正是投資者進場買進籌碼的好時機。之後，主力機構快速向上拉升股價。

從拉升情況來看，主力機構依託5日均線，採取直線拉升、盤中洗盤、迅速拔高的操盤手法，急速向上拉升股價，至2022年1月5日，八個交易日拉出八個漲停板，其中三個一字漲停板、兩個T字漲停板、一個小陽線漲停板，兩個大陽線漲停板，漲幅非常大。

1月6日，該股大幅跳空開低，股價衝高回落（從當日分時來看，股價在盤中跌停時間長，但成交量萎縮），收出一根長上影線陰十字星，展開強勢縮量回檔洗盤，此時投資者可以在當日或次日先賣出手中籌碼，等待股價調整到位後，再將籌碼買回，或是先觀察成交量的變化和跌幅的大小後再做決策。

1月10日，該股開低，收出一根中陽線，成交量較前一交易日明顯放大，股價止跌回升。此時，均線呈多頭排列，MACD等部分技術指標

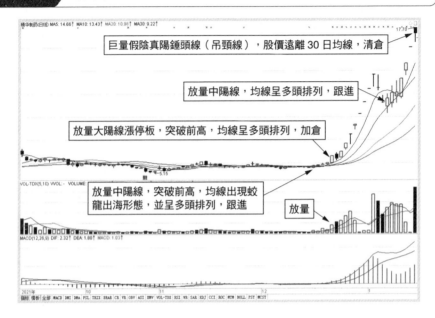

圖4-23 精華製藥（002349）2022 年 1 月 18 日的 K 線走勢圖

開始走強，股價的強勢特徵顯現，後市上漲的機率較大。面對這種情況，投資者可以在當日或次日進場買進籌碼。

1月11日、12日，該股連續收出兩根陽線，正是投資者進場的好時機。之後主力機構再次快速向上拉升股價。1月11日至1月17日，五個交易日拉出五根陽線，其中三個漲停板（一個一字漲停板、一個小陽線漲停板、一個大陽線漲停板）。

從主力機構整個拉升走勢來看，股價自12月22日以平盤開出收出一個放量大陽線漲停板（收盤價6.60元），到2022年1月17日收出一個一字漲停板（收盤價16.09元），漲幅十分可觀。

1月18日，精華製藥漲停開盤，收出一根假陰真陽錘頭K線（高位或相對高位的錘頭線又稱作上吊線、吊頸線），成交量較前一交易日放大64倍多。

從分時走勢來看，當日早盤漲停開盤，9：33漲停板被大賣單砸

開，成交量急速放大，此後漲停板打開封回反覆多次，11：03被打開後，股價高位震盪回落至收盤，收盤漲幅6.90％，顯露主力機構利用漲停開盤、漲停板反覆打開封回、高位震盪等操盤手法，引誘跟風盤進場並大量出貨的意圖。

　　此時，股價遠離30日均線且漲幅大，KDJ等部分技術指標開始走弱，盤面弱勢特徵已經顯現。面對這種情況，投資者如果還有籌碼沒有出完，次日應該逢高清倉。

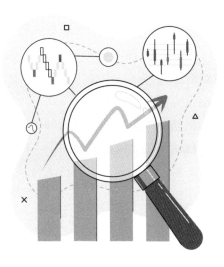

4-5

【放量漲停②】

突破前期高點或下跌
密集成交區後，會重拾升勢

　　放量漲停後衝高回落，強勢調整洗盤，指的是股價放量漲停，突破前期高點、前期平台或是突破前期下跌密集成交區後，主力機構一般會展開強勢調整洗盤，目的在於清洗獲利盤和前期套牢盤，拉高其他投資者的入場成本，減輕後期拉升的壓力。

　　目標股票強勢調整洗盤後，會重拾升勢，很可能會展開快速拉升行情。對於這種走勢的目標股票，投資者要積極關注、高度重視，調整到位後就可以大膽進場做多。以下以京城股份（600860）和金髮拉比（002762）為例。

　　圖4-24是京城股份2021年12月1日的K線走勢圖，可以看出此時該股走勢處於上升趨勢中。在此之前，股價從2019年4月23日的最高價10.40元（前期相對高位），一路震盪下跌，至2020年4月29日的最低價3.01元止穩，下跌時間長、跌幅大，期間有過多次幅度較大的反彈。

　　股價止穩後，主力機構快速推升股價，收集籌碼，然後展開大幅震盪盤升行情，低買高賣賺取價差，獲利與洗盤吸籌並舉，震盪盤升期間成交量呈現間斷性放大的狀態。

　　經過一年半的大幅震盪盤升後，2021年11月19日該股開高，收出一個大陽線漲停板（因為「天然氣＋氫能源＋冬奧會」概念炒作），突破前高，成交量較前一交易日有效放大，形成大陽線漲停K線形態。

　　此時，均線（除了60日均線之外）呈多頭排列，MACD、KDJ等各項技術指標開始走強，股價的強勢特徵已經顯現，後市上漲的機率大。面對這種情況，投資者可以在當日搶漲停板，或在次日進場加倉買進籌

圖4-24　京城股份（600860）2021 年 12 月 1 日的 K 線走勢圖

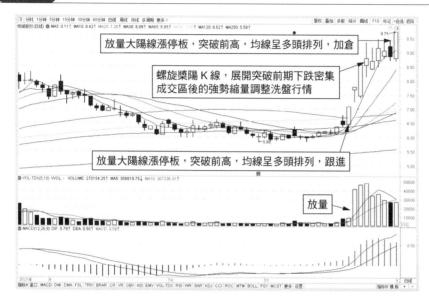

碼。

　　11月22日，該股大幅跳空開高（向上跳空8.62％開盤），收出一個長下影線陽線漲停板，突破前高，留下向上跳空突破缺口，成交量較前一交易日放大4倍多，形成向上突破缺口和長下影線陽線漲停K線形態。從當日分時來看，投資者有機會進場買進籌碼。

　　11月23日，該股開低，收出一個大陽線漲停板，股價突破2019年4月23日和2021年8月17日以來的下跌密集成交區。次日該股開低，股價衝高回落，收出一根螺旋槳陽K線，成交量與前一交易日大致持平，展開突破前期下跌密集成交區後的縮量強勢調整洗盤行情。縮量強勢調整洗盤期間，投資者可以尋機進場，逢低分批買進籌碼。

　　12月1日，京城股份開低，收出一個大陽線漲停板，突破前高，成交量較前一交易日略有放大，形成放量大陽線漲停K線形態，縮量強勢調整洗盤行情結束。此時，均線呈多頭排列，MACD、KDJ等技術指標

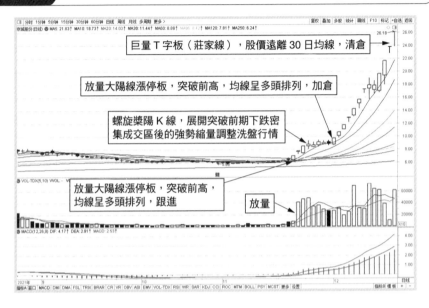

圖4-25 京城股份（600860）2021 年 12 月 20 日的 K 線走勢圖

開始走強，股價的強勢特徵已經相當明顯，後市持續快速上漲的機率
大。面對這種情況，投資者可以在當日進場搶漲停板，或在次日進場加
倉買進籌碼，持股待漲，待股價出現明顯見頂訊號時再賣出。

圖4-25是京城股份2021年12月20日的K線走勢圖，可以看出12月1
日該股的確收出一個放量大陽線漲停板，形成大陽線漲停K線形態，縮
量強勢調整洗盤行情結束。之後主力機構快速向上拉升股價。

從拉升情況來看，自12月2日起（當日分時走勢顯示投資者有機會
進場買進籌碼），主力機構依託5日均線，採取盤中洗盤、迅速拉升的
操盤手法，幾乎是直線向上急速拉升股價（12月10日、13日強勢調整兩
個交易日），至12月20日，十二個交易日共拉出十個漲停板，其中三個
T字板、兩個小陽線漲停板、五個大陽線漲停板，漲幅巨大。

12月20日，京城股份大幅跳空開高（向上跳空9.96％、差1分錢漲
停開盤），收出一個長下影線T字漲停板（高位T字線又稱作莊家線，是

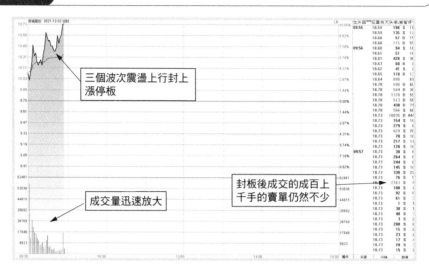

圖4-26　京城股份（600860）2021 年 12 月 2 日的分時截圖

三個波次震盪上行封上
漲停板

成交量迅速放大

封板後成交的成百上
千手的賣單仍然不少

主力機構為了掩護高位出貨而拉出的一種漲停誘多K線，這種K線形態
是由主力機構操盤控盤手法形成的一種騙線），當日成交量較前一交易
日放大5倍多。

　　從當日分時走勢來看，早盤開盤後，股價瞬間回落，成交量急速放
大，然後快速拐頭上衝，於9：32封上漲停板。11：25漲停板被大賣單
砸開，成交量大幅放大，跌幅較深，之後持續展開高位震盪整理，尾盤
封回漲停板至收盤，顯露主力機構利用大幅開高、漲停板打開封回、高
位震盪整理的操盤手法，引誘跟風盤進場並大量出貨的意圖。

　　此時，股價遠離30日均線且漲幅大，KDJ等部分技術指標開始走
弱，盤面弱勢特徵已經顯現。面對這種情況，投資者如果還有籌碼沒有
出完，次日應該逢高清倉。

　　圖4-26是京城股份2021年12月2日開盤後至9：56的分時截圖。這是
該股在12月1日收出一個放量大陽線漲停板，突破前高的次日（收出小
陽線漲停板當日），當日成交量較前一交易日明顯放大，週轉率為
9.87％。

　　從分時走勢來看，該股當日早盤大幅向上跳空開高（向上跳空3.59％開盤）分三個波次震盪上行，於9：56封上漲停板。開盤後成交量急速放大，盤面右邊9：57的成交明細也可以看出，9：56最後一筆10035手買盤將股價封上漲停板，但此後成交的還是有不少成百上千手的賣單。

　　由於開高衝高回落震盪上行至封上漲停板間隔的時間較長，成交活躍、成交量迅速放大，投資者如果當日想進場買進籌碼，只要在開盤後視情況快速掛買單跟進，都能成功買進籌碼。

　　圖4-27是金髮拉比2023年1月11日的K線走勢圖，可以看出此時該股走勢處於上升趨勢中。在此之前，股價從2022年3月10日的最高價13.44元（前期相對高位），一路震盪下跌，至10月31日的最低價6.51元止穩，下跌時間較長、跌幅大，期間有過多次幅度較大的反彈。股價止穩後，主力機構開始向上推升股價，收集籌碼，該股底部逐漸抬高，K線走勢呈現紅多綠少、紅肥綠瘦的態勢。

　　12月14日，該股開低，收出一個大陽線漲停板（該漲停板為吸籌建倉型漲停板），突破前高，成交量較前一交易日放大2倍多，形成大陽線漲停K線形態。此時，均線（除了250日均線之外）呈現多頭排列，MACD、KDJ等技術指標開始走強，股價的強勢特徵顯現，後市上漲的機率大。面對這種情況，投資者可以在當日進場搶漲停板，或在次日進場買進籌碼。

　　12月15日，該股開高，股價衝高回落，收出一根長上影線大陽線（漲幅6.48％），成交量較前一交易日放大2倍多，展開回檔洗盤吸籌行情。此時，投資者可以在當日或次日逢高賣出手中籌碼，或是持股不動，先觀察後期走勢（尤其是成交量的變化）再做決定。

　　12月27日，該股開低，收出一根大陽線（漲幅4.83％），突破前高，成交量較前一交易日放大2倍多，股價收回到5日、10日均線上方，股價止穩，回檔洗盤吸籌行情結束，投資者可以在當日或次日進場，逢低分批買進籌碼。

　　2023年1月3日，該股開低，收出一根長上影線大陽線（漲幅

圖4-27　　金髮拉比（002762）2023 年 1 月 11 日的 K 線走勢圖

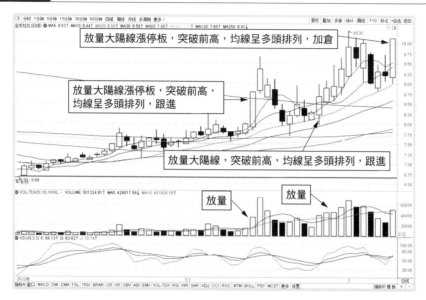

5.76％），突破前高，成交量較前一交易日明顯放大，展開強勢整理（回檔）洗盤吸籌行情，投資者可以繼續進場，逢低分批買進籌碼。

　　1月11日，金髮拉比開低，收出一個大陽線漲停板（因為「醫美＋毛髮醫療＋新零售＋母嬰消費品」概念炒作），股價突破前高，一陽吞五線（一舉吞沒之前五根陰陽K線），成交量較前一交易日放大近2倍，形成大陽線漲停K線形態，縮量強勢調整洗盤結束。

　　此時，均線（除了250日均線之外）呈多頭排列，MACD、KDJ等技術指標走強，股價的強勢特徵已經相當明顯，後市持續快速上漲的機率大。面對這種情況，投資者可以在當日搶漲停板，或在次日進場加倉買進籌碼。

　　圖4-28（見下頁）是金髮拉比2023年1月19日的K線走勢圖，可以看出1月11日該股走勢如前所述。之後，主力機構快速向上拉升股價。

　　從拉升情況來看，1月12日起，主力機構依託5日均線，採取盤中洗

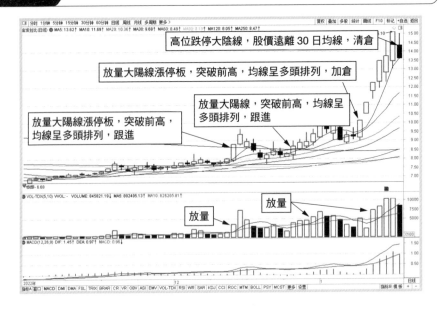

圖4-28　金髮拉比（002762）2023 年 1 月 19 日的 K 線走勢圖

盤、迅速拉升的操盤手法，幾乎是直線向上急速拉升股價，至1月18日，五個交易日拉出五根陽線，其中四個漲停板（三個大陽線漲停板、一個長下影線小陽線漲停板），漲幅非常可觀。

1月19日，金髮拉比大幅開低（向下跳空－4.97％開盤），收出一根帶上影線的大陰線跌停板，成交量較前一交易日略萎縮。

從當日分時走勢來看，該股早盤大幅開低，開盤後股價震盪回落，9：55股價躺倒跌停板上；10:02主力機構開始在盤中拉高股價，拉升至當日最高價15元，股價震盪回落，13：54再次躺倒跌停板上，尾盤略有反彈後繼續跌停，跌停收盤，顯露主力機構利用大幅開低、盤中拉高震盪回落的操盤手法，打壓股價並毫無顧忌的出貨意圖。

此時，股價遠離30日均線且漲幅大，KDJ等部分技術指標開始走弱，盤面弱勢特徵已經顯現。面對這種情況，投資者如果還有籌碼沒有出完，次日一定要逢高清倉。

4-6

【放量漲停③】
在上漲中途察覺，
你必須小心滯漲或見頂訊號

　　上漲中途的放量漲停，是指主力機構對下跌時間較長、跌幅較大的目標股票，在股價止穩並展開初期上漲和反覆震盪洗盤行情後，在確定籌碼已鎖定好、控盤比較到位的情況下，以漲停的方式快速拉升股價，成交量同步放大。

　　上漲途中出現放量漲停，預示主力機構將展開一波快速拉升行情，投資者可以積極進場參與做多，但是應注意盯盤觀察，股價出現放量滯漲或其他見頂訊號時，要馬上離場。上漲中途的放量漲停，與「放量漲停衝高回落強勢調整洗盤後」的放量漲停有許多相似處。以下以歡瑞世紀（000892）和吉視傳媒（601929）為例。

　　圖4-29（見下頁）是歡瑞世紀2022年8月29日的K線走勢圖，可以看出此時個股走勢處於上升趨勢中。在此之前，股價從2021年12月20日的最高價5.10元（前期相對高位），一路震盪下跌，至2022年4月28日的最低價2.55元止穩，下跌時間不長，但跌幅較大，期間有過多次幅度較大的反彈。

　　在股價止穩後，該股展開大幅震盪盤升行情（初期上漲），低買高賣賺取價差，獲利與洗盤吸籌並舉。震盪盤升期間，主力機構拉出三個大陽線漲停板，都屬於吸籌建倉型漲停板。

　　8月22日，該股開高，收出一根大陽線，突破前高，成交量較前一交易日放大近2倍，當日收盤價為3.62元，與股價止穩當天的收盤價2.63元相比，已有較大的漲幅。此時，均線呈多頭排列，MACD、KDJ等各項技術指標開始走強，股價的強勢特徵已經顯現，投資者可以考慮進場

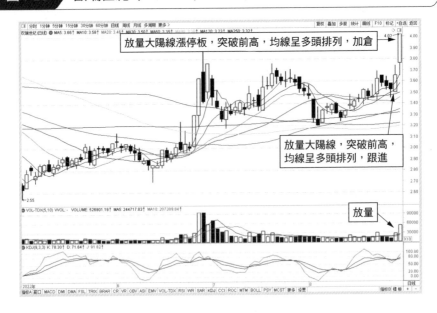

圖4-29　歡瑞世紀（000892）2022年8月29日的K線走勢圖

買進籌碼。此後股價連續縮量調整三個交易日，是投資者進場逢低買進籌碼的好時機。

8月26日，該股開低收出一根大陽線，突破前高（一陽吞三陰），成交量較於前一交易日放大2倍多。這時候，均線呈現多頭排列，MACD、KDJ等各項技術指標走強，股價的強勢特徵比較明顯，後市上漲的機率大。面對這種情況，投資者可以在當日或次日進場買進籌碼。

8月29日，歡瑞世紀開高，收出一個大陽線漲停板，突破前高，成交量較於前一交易日放大將近2倍，形成上漲中途放量大陽線漲停K線形態。這個時候，均線呈現多頭排列，MACD、KDJ等技術指標持續走強，股價的強勢特徵十分明顯，後市持續快速上漲的機率大。面對這種情況，投資者可以在當日進場搶漲停板，或在次日進場加倉買進籌碼。

圖4-30是歡瑞世紀2022年9月1日的K線走勢圖，可以看出8月29日該股的確收出一個放量大陽線漲停板，突破前高，形成上漲中途放量大

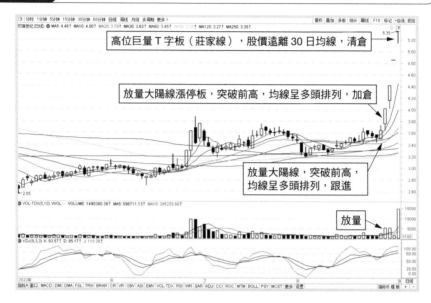

圖4-30　歡瑞世紀（000892）2022年9月1日的K線走勢圖

陽線漲停K線形態。之後，主力機構快速向上拉升股價。

　　從拉升情況來看，8月30日起，主力機構依託5日均線，採取盤中洗盤、迅速拉升的操盤手法，幾乎是直線向上急速拉升股價，至9月1日，三個交易日拉出三個漲停板，其中一個大陽線漲停板、一個一字漲停板、一個T字漲停板，漲幅不錯。

　　9月1日，歡瑞世紀漲停開盤，收出一個T字漲停板（高位T字線又稱作莊家線，是主力機構為了掩護高位出貨而拉出的一種漲停誘多K線），當日成交量較前一交易日放大9倍多。

　　從當日分時走勢來看，早盤漲停開盤時有連續千手以上大賣單成交，9：45至9：56又有大賣單、特大賣單成交，13：38漲停板被大賣單砸開，成交量急速放大，13：42封回漲停板至收盤，代表主力機構利用漲停、漲停板打開封回等手法，引誘跟風盤進場並大量出貨。

　　此時，股價遠離30日均線且漲幅較大，KDJ等部分技術指標開始走

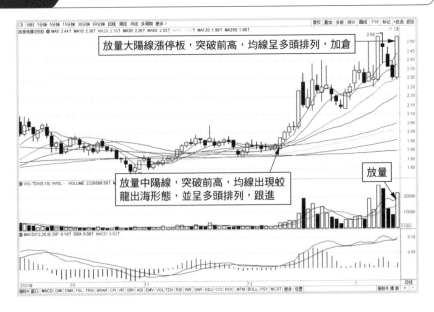

圖4-31　吉視傳媒（601929）2022 年 1 月 17 日的 K 線走勢圖

弱，盤面弱勢特徵已經顯現。面對這種情況，投資者如果還有籌碼沒有出完，次日應該逢高清倉。

　　圖4-31是吉視傳媒2022年1月17日的K線走勢圖，可以看出此時個股走勢處於上升趨勢中。在此之前，股價從2019年3月22日的最高價3.30元（前期相對高位），一路震盪下跌，至2021年2月4日的最低價1.59元止穩，下跌時間長且跌幅大，期間有過多次幅度較大的反彈。股價止穩後，主力機構快速推升股價，收集籌碼，然後該股展開大幅震盪盤升行情（初期上漲），低買高賣賺取價差，獲利與洗盤吸籌並舉。

　　經過10個多月的大幅震盪盤升，12月10日該股開低，收出一根中陽線，突破前高，成交量較前一交易日放大2倍多。當日股價向上突破5日、10日、20日、30日和60日均線（一陽穿五線），90日、120日均線在股價下方向上移動，250日均線在股價下方下行，均線形成蛟龍出海形態。

　　此時，均線（除了60日、250日均線之外）呈多頭排列，MACD、KDJ等各項技術指標開始走強，股價的強勢特徵開始顯現，投資者可以考慮進場買進籌碼。之後股價穩步向上盤升，是投資者進場逢低分批買進籌碼的好時機。

　　2022年1月11日，該股開低，收出一個大陽線漲停板（因為「傳媒＋晶片」概念炒作），突破前高（突破2020年3月3日、7月14日和9月9日下跌以來的成交密集區），成交量較前一交易日放大2倍多，收盤價為2.30元，與止穩當天的收盤價1.59元相比，已有較大的漲幅。

　　此時，均線呈多頭排列，MACD、KDJ等各項技術指標走強，股價的強勢特徵已經顯現，投資者可以考慮進場買進籌碼。此後，股價連續縮量調整三個交易日，正是投資者進場逢低買進籌碼的好時機。

　　1月17日，吉視傳媒以平盤開出，收出一個大陽線漲停板，突破前高（一陽吞三陰），成交量較前一交易日放大近3倍，形成上漲中途放量大陽線漲停K線形態。

　　此時，均線呈多頭排列，MACD、KDJ等技術指標持續走強，股價的強勢特徵已經十分明顯，後市持續快速上漲的機率大。面對這種情況，投資者可以在當日進場搶漲停板，或在次日進場加倉買進籌碼，持股待漲，等待股價出現明顯見頂訊號時再賣出。

　　圖4-32（見下頁）是吉視傳媒2022年1月21日的K線走勢圖，可以看出1月17日該股的確收出一個放量大陽線漲停板，突破前高，形成上漲中途放量大陽線漲停K線形態。之後，主力機構快速向上拉升股價。

　　從拉升情況來看，1月18日起，主力機構依託5日均線，採取盤中洗盤、迅速拉升的操盤手法，幾乎是直線向上急速拉升股價，至1月20日，三個交易日拉出三個漲停板，其中兩個T字漲停板（1月18日T字漲停板的分時走勢顯示，投資者有機會進場買進）、一個大陽線漲停板，漲幅不錯。

　　1月21日，吉視傳媒大幅跳空開高（向上跳空5.93％開盤），股價衝高回落，收出一根陽十字星（高位或相對高位十字星又稱作黃昏之星），成交量較前一交易日放大近3倍。

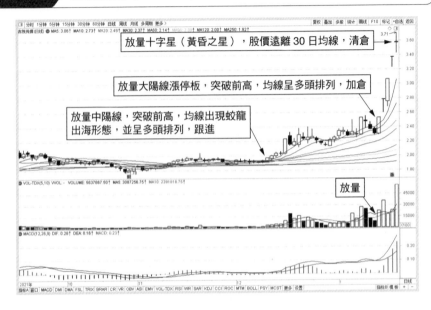

放量十字星（黃昏之星），股價遠離 30 日均線，清倉

放量大陽線漲停板，突破前高，均線呈多頭排列，加倉

放量中陽線，突破前高，均線出現蛟龍出海形態，並呈多頭排列，跟進

放量

　　從當日分時走勢來看，該股早盤大幅開高，瞬間封上漲停板。14：49一筆176087手的大賣單將漲停板砸開，14：51封回漲停板。14：53漲停板又被一筆187098手的大賣單砸開，14：55分封回漲停板。14：56漲停板再次被一筆128783手的大賣單砸開，股價快速下跌至收盤。

　　自漲停板被打開後，大賣單成交持續不斷，當日收盤漲幅6.23％，顯露主力機構利用臨近收盤，趁投資者以為當日漲停收盤應該是十拿九穩時，採取尾盤反覆打開漲停板再封回再打開的操盤手法，展開高位反覆大量出貨的意圖。

　　此時，股價遠離30日均線且漲幅大，KDJ等部分技術指標開始走弱，盤面弱勢特徵顯現。面對這種情況，投資者如果還有籌碼沒有出完，次日應該逢高清倉。

　　圖4-33是吉視傳媒2022年1月18日開盤後至14：32的分時截圖。這是該股在1月17日拉出一個大陽線漲停板，形成大陽線漲停K線形態的次

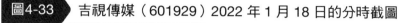

圖4-33　吉視傳媒（601929）2022 年 1 月 18 日的分時截圖

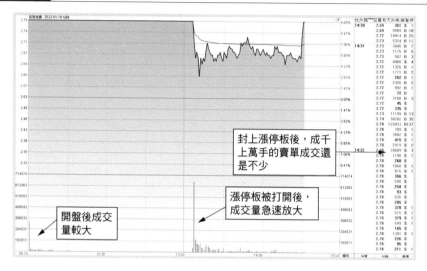

封上漲停板後，成千上萬手的賣單成交還是不少

漲停板被打開後，成交量急速放大

開盤後成交量較大

日（Ｔ字漲停板），當日成交量較前一交易日明顯放大，週轉率為11.27％。

　　從分時截圖來看，該股早盤漲停開盤，13：07漲停板被大賣單打開（一筆399876手的大賣單將股價從漲停價2.78元打到2.68元），隨後股價急速下跌，最低探至2.60元，然後快速向上反彈展開橫盤震盪，14：31迅速封回漲停板。

　　從分時截圖能看出，開盤後成交量較大，漲停板被打開後，成交量急速放大，漲停板打開時間長，成交活躍，獲利盤得到有效釋放。盤面右邊14：32的成交明細也顯示，14：31最後一筆129433手的買盤將股價封上漲停板（2.78元），但此後成交的成千上萬手的賣單還是不少。

　　如果投資者有意進場買進，只要在開盤後以漲停價掛買單排隊等候，或在漲停板打開後擇機進場逢低買進，都能如願買進籌碼。

4-7

【巨量漲停①】
發生在低位，
多帶有快速吸籌建倉補倉的性質

　　巨量漲停，又稱作天量漲停，是指目標股票的成交量相對於前一交易日成倍放大情況下的漲停，換句話說，即是成交量巨額放大而產生的漲停。

　　由於個股的實際流通盤各不相同，成交量較前一交易日放大多少的漲停才算巨量漲停，沒有統一的標準，一般來說，放出較前一交易日大2倍以上成交量的漲停可稱為巨量漲停。從實戰操作的角度來看，巨量漲停的K線形態大致上是大陽線漲停板，即大陽線漲停K線形態。

　　另外，巨量漲停也是伴有巨量封單的漲停，代表有獲利籌碼或解套盤在漲停過程中賣出，有可能是主力機構為了快速建倉拉出的漲停，也可能是主力機構獲利出場，關鍵要看巨量漲停板在目標股票K線走勢中所處的位置。所處的位置不同，代表的主力機構操盤意圖跟目的也會有所差別。

　　如果目標股票經過長期下跌，在主力機構已經大致完成吸籌建倉、長時間的震盪橫盤洗盤或初期上漲後，在較低位置出現的巨量漲停，可能是主力機構啟動拉升的訊號。

　　不過拉升又分為兩種情況。一種是主力機構對籌碼鎖定程度高、控盤到位的目標股票，放巨量直接拉出漲停板，正式啟動快速拉升行情，吸引市場注意，引誘跟風盤，為後期順利出貨打基礎、做準備。

　　另一種是拉出巨量漲停板後，展開強勢調整洗盤吸籌（也可能是突破重要壓力位，如前期高點、下跌密集成交區、平台阻力線、下降趨勢線、均線、重要技術形態等關鍵部位後的調整洗盤吸籌），這是一種主

力機構洗盤補倉的訊號，等待籌碼集中度較高、控盤比較到位後，再展開快速拉升行情。

還有一種情況是上漲中途的巨量漲停，即目標股票經過長期的下跌，止穩後主力機構逐步推升股價收集籌碼，並對目標股票展開反覆震盪洗盤，個股整體處於不斷盤升的狀態，股價上漲到一定高度後，主力機構突然放巨量拉出漲停板，突破前高，正式開啟快速拉升行情。

投資者需要注意的是，高位出現的巨量漲停千萬別碰，有很大的可能是主力機構透過對敲或對倒做量、利用漲停的方式吸引市場注意，引誘跟風盤，達到其不可告人的偷偷出逃目的。我們主要分析低位巨量漲停、巨量漲停後強勢調整洗盤以及上漲中途的巨量漲停。

低位巨量漲停，是指主力機構對經過長期震盪下跌、跌幅較大的目標股票，完成大部分倉位的建倉、橫盤震盪洗盤吸籌後，在控盤比較到位的情況下，放巨量拉升股價至漲停的行為。這種巨量漲停大部分帶有快速吸籌建倉補倉的性質，且多數為伴有巨量封單的漲停。

目標股票經過長期的下跌，主力機構已經大致完成吸籌建倉、長時間的震盪橫盤洗盤或初期上漲後，在控盤程度較高的情況下，低位拉出的巨量漲停，是主力機構啟動拉升的訊號。

只要目標股票巨量漲停後，後續短期內成交量仍舊處於持續放大的狀態，後市的上漲動力依然會很強勁，連續拉升的機率很大。對於這種走勢的個股，投資者要敢於尋機進場，積極看多做多。以下以隴神戎發（300534）和博暉創新（300318）為例。

圖4-34（見下頁）是隴神戎發2021年12月20日的K線走勢圖，可以看出此時該股走勢處於上升趨勢中。在此之前，股價從2018年5月29日的最高價12.30元（前期相對高位），一路震盪下跌，至2021年2月4日的最低價4.76元止穩，下跌時間長且跌幅大，期間有過多次幅度大的反彈。

股價止穩後，主力機構快速展開震盪盤升行情，推升股價，收集籌碼，同時低買高賣賺取價差，獲利與洗盤吸籌並舉，K線走勢呈現紅多綠少、紅肥綠瘦的態勢。

圖4-34　龍神戎發（300534）2021 年 12 月 20 日的 K 線走勢圖

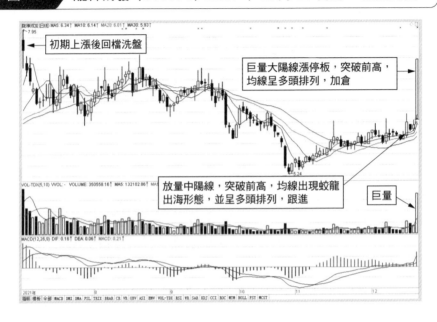

7月2日，該股開低，股價衝高至當日最高價7.95元再回落，收出一根螺旋槳陰K線，成交量較前一交易日明顯萎縮，主力機構展開初期上漲後的縮量回檔洗盤行情，此時投資者可以在當日或次日先賣出手中籌碼，等待股價調整到位後再將籌碼買回。

10月28日，該股開低，收出一根小陰線，股價探至最低價5.24元止穩。之後，主力機構穩步推升股價，繼續收集籌碼，K線走勢再現紅多綠少、紅肥綠瘦的態勢。

12月15日，該股以平盤開出，收出一根中陽線，突破前高，成交量較前一交易日放大2倍多，當日股價向上突破5日、10日、60日和250日均線（一陽穿四線），20日、30日均線在股價下方向上移動，90日均線在股價上方下行、120日均線在股價上方向上移動，均線形成蛟龍出海形態。

此時，短期均線呈多頭排列，MACD、KDJ等各項技術指標開始走

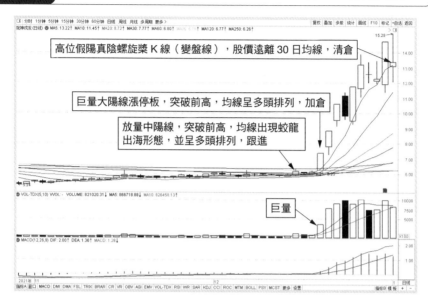

圖4-35　隴神戎發（300534）2022年1月10日的K線走勢圖

高位假陽真陰螺旋槳K線（變盤線），股價遠離30日均線，清倉

巨量大陽線漲停板，突破前高，均線呈多頭排列，加倉

放量中陽線，突破前高，均線出現蛟龍出海形態，並呈多頭排列，跟進

巨量

強，股價的強勢特徵顯現。面對這種情況，投資者可以考慮在當日或次日進場逢低買進籌碼。12月16日、17日，主力機構強勢調整兩個交易日，正是投資者進場逢低買進籌碼的好時機。

12月20日，隴神戎發跳空開高，收出一個大陽線漲停板（因為「中藥＋參股券商」概念炒作），突破前高，成交量較前一交易日放大5倍，形成低位巨量大陽線漲停K線形態。

此時，均線呈多頭排列，MACD、KDJ等技術指標走強，股價的強勢特徵已經十分明顯，後市持續快速上漲的機率大。面對這種情況，投資者可以在當日進場搶漲停板，或在次日進場加倉買進籌碼。

圖4-35是隴神戎發2022年1月10日的K線走勢圖，可以看出12月20日該股的確收出一個巨量大陽線漲停板，突破前高，形成低位巨量大陽線漲停K線形態。之後，主力機構快速向上拉升股價。

從拉升情況來看，12月21日起，主力機構依託5日均線，採取快速

圖4-36 隴神戎發（300534）2021 年 12 月 21 日的分時截圖

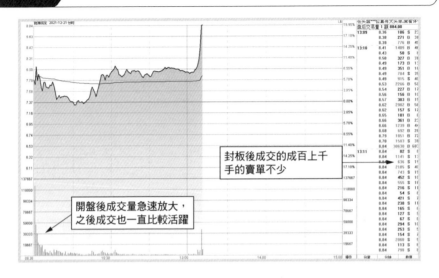

封板後成交的成百上千手的賣單不少

開盤後成交量急速放大，之後成交也一直比較活躍

拉升的操盤手法，放量大幅直線拉升股價，至12月30日，八個交易日拉出五根陽線，其中四個漲停板，都屬於大陽線漲停板（21日大陽線漲停板當天的分時走勢顯示，投資者可以放心進場買進），漲幅非常大。

2022年1月10日，該股大幅跳空開低（向下跳空－10.94％開盤），股價衝高回落，收出一根長上下影線且實體較小的假陽真陰螺旋槳K線（高位或相對高位的螺旋槳K線又稱作變盤線、轉勢線；高位或相對高位的假陽真陰，千萬小心），成交量較前一交易日萎縮，顯示股價上漲乏力，主力機構已經展開調整出貨。

此時，股價遠離30日均線且漲幅大，KDJ等部分技術指標開始走弱，盤面弱勢特徵已經顯現。面對這種情況，投資者如果還有籌碼沒有出完，次日應該逢高清倉。

圖4-36是隴神戎發2021年12月21日開盤後至13：11的分時截圖。這是該股12月20日拉出一個低位巨量大陽線漲停板，突破前高的次日（大陽線漲停板），當日成交量較前一交易日放大2倍多，週轉率為25.98％。

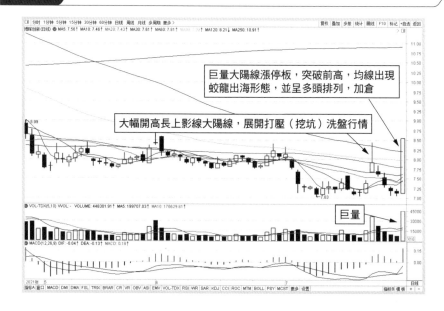

圖4-37　博暉創新（300318）2021 年 7 月 28 日的分時截圖

　　從分時截圖來看，該股早盤大幅向上跳空開高（向上跳空5.83％開盤），股價衝高回落展開大幅震盪整理，最低向下跌破前一日收盤價馬上收回，13：10一個波次衝高封上漲停板，封板前成交一直比較活躍。

　　盤面右邊13：11的成交明細可以看出，13：10最後一筆30630手買盤將股價封上漲停板（漲停價8.84元），但此後成交的成百上千手的賣單還是不少。由於開高衝高回落震盪整理至封上漲停板間隔時間長，成交活躍、量能較大，投資者如果當日有意進場買進籌碼，只要在開盤後掛買單逢低買進即可。

　　圖4-37是博暉創新2021年7月28日的K線走勢圖，從圖中可以看出此時該股處於前期高位大幅下跌後的反彈趨勢中。在此之前，該股在2020年7月和9月有過兩波較大幅度的上漲，最高價上漲至2020年10月21日的23.80元，然後股價一路震盪下跌，至2021年7月8日的最低價7.03元止穩，雖然下跌時間不長，但下跌幅度大，期間還有過多次幅度較大的

反彈。

　　股價止穩後,該股展開強勢橫盤整理洗盤吸籌行情。7月21日,該股大幅跳空開高(向上跳空4.07%開盤),股價衝高至當日最高價8.44元再回落,收出一根長上影線大陽線,主力機構開始打壓股價(挖坑)並縮量洗盤。此後股價連續下跌調整四個交易日,正是投資者進場買進籌碼的好時機。

　　7月28日,博暉創新以平盤開出,收出一個大陽線漲停板(因為「醫藥生物+新冠檢測」概念炒作),並且突破前高(一陽吞五線),成交量相較於前一交易日放大將近6倍,形成低位巨量大陽線漲停K線形態。

　　當日股價向上突破5日、10日、20日、30日、60日、90日和120日均線(一陽穿七線),250日均線在股價上方向上移動,均線形成蛟龍出海形態。此時,均線(除了120日均線之外)呈多頭排列,MACD、KDJ等技術指標走強,股價的強勢特徵已經十分明顯,後市持續快速上漲的機率大。面對這種情況,投資者可以在當日進場搶漲停板,或在次日進場加倉買進籌碼。

　　圖4-38是博暉創新2021年8月4日的K線走勢圖,可以看出7月28日該股的確收出一個巨量大陽線漲停板,突破前高,形成低位巨量大陽線漲停K線形態。之後,主力機構快速向上拉升股價。

　　從拉升情況來看,7月29日起(當日收出一根開高回落放量大陽線,正是投資者進場買進籌碼的好時機),主力機構依託5日均線,採取快速拉升的操盤手法,放量大幅直線拉升股價,至8月3日,四個交易日拉出四根陽線(一根假陰真陽K線),其中兩個漲停板,都屬於大陽線漲停板,漲幅非常大。

　　8月4日,博暉創新開低,股價回落,收出一根假陽真陰錘頭K線(高位或相對高位的錘頭線又稱作上吊線、吊頸線;高位或相對高位的假陽真陰,千萬小心),成交量較前一交易日萎縮,顯示股價上漲乏力,主力機構已經展開高位調整出貨。此時,股價遠離30日均線且漲幅大,KDJ等部分技術指標開始走弱,盤面弱勢特徵已經顯現。面對這種

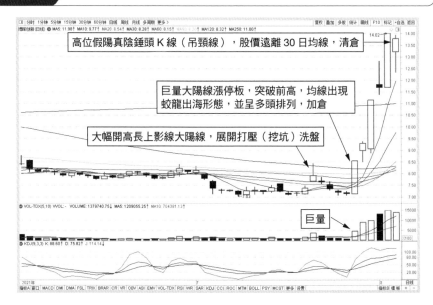

圖4-38　博暉創新（300318）2021 年 8 月 4 日的 K 線走勢圖

情況，投資者如果還有籌碼沒有出完，次日應該逢高清倉。

4-8 【巨量漲停②】 隨後展開強勢調整洗盤 有 2 個目的，你要準備……

巨量漲停後強勢調整洗盤，是指個股放巨量漲停（多數為伴有巨量封單的漲停），在突破前期高點或前期下跌密集成交區後，展開的強勢調整洗盤。這種巨量漲停後的強勢調整洗盤，與台階式推升K線形態相同，在目標股票上漲途中可能會不斷重複，調整洗盤時成交量呈現縮量狀態，個股整體走勢處於上升趨勢。

主力機構在拉出巨量漲停板後強勢調整洗盤，主要有兩個目的，一是清洗獲利盤和前期套牢盤，減輕後期拉升的壓力，二是為了進行增倉補倉，確保利潤最大化。

巨量漲停強勢調整洗盤後，主力機構一般會展開快速拉升股價。對於這種走勢的目標股票，投資者要多加關注，認真對待，調整到位後可以大膽進場做多。以下以東陽光（600673）和京泉華（002885）為例，進行說明。

圖4-39是東陽光2021年8月30日的K線走勢圖，可以看出此時該股走勢處於上升趨勢中。在此之前，股價從2020年1月21日的最高價10.17元（前期相對高位），一路震盪下跌，至2021年2月5日的最低價4.44元止穩，下跌時間長、跌幅大，期間有過多次幅度較大的反彈。

股價止穩後，主力機構快速推升股價，收集籌碼。3月19日，該股開低，股價衝高至當日最高價5.53元再回落，收出一根長上影線陽K線，成交量較前一交易日明顯放大，展開初期上漲後的縮量回檔洗盤行情，此時投資者可以在當日或次日先賣出手中籌碼，待股價調整到位後再將籌碼買回。

圖4-39　東陽光（600673）2021年8月30日的K線走勢圖

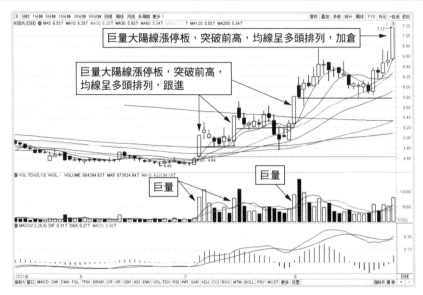

　　7月5日，該股開低，收出一根中陽線，突破前高，成交量較前一交易日明顯放大。當日股價向上突破5日、10日、20日和30日均線（一陽穿四線），60日、90日、120日和250日均線在股價上方下行，均線形成蛟龍出海形態。

　　此時，短期均線呈多頭排列，MACD、KDJ等各項技術指標開始走強，股價的強勢特徵顯現。面對這種情況，投資者可以考慮在當日或次日進場買進籌碼。

　　7月6日，該股跳空開高，收出一個大陽線漲停板，突破前高（突破5月12日衝高回落下跌成交密集區），成交量較前一交易日放大6倍多，形成巨量大陽線漲停K線形態。次日該股開高，股價衝高回落，收出一根放量螺旋槳陽K線，展開巨量漲停後強勢調整洗盤（第一級台階），成交量同步萎縮。

　　7月15日，該股以平盤開出，收出一個大陽線漲停板，一舉吞沒之

前六根小陰陽K線，突破前高（突破2020年11月18日衝高回落下跌密集成交區），成交量較前一交易日放大近3倍，形成巨量大陽線漲停K線形態。次日該股開高，股價衝高回落，收出一根放量螺旋槳陰K線，展開巨量漲停後強勢調整洗盤（第二級台階），成交量同步萎縮。

8月2日，該股以平盤開出，收出一個大陽線漲停板，突破前高，成交量較前一交易日明顯放大，形成巨量大陽線漲停K線形態，隨後股價繼續上行。8月10日該股開低，股價衝高回落，收出一顆十字星，展開縮量調整洗盤（第三級台階），成交量同步萎縮。

8月30日，東陽光跳空開高，收出一個大陽線漲停板，突破前高（2020年8月4日下跌密集成交區），成交量較前一交易日明顯放大，形成大陽線漲停K線形態。此時，均線呈多頭排列，MACD、KDJ等技術指標持續走強，股價的強勢特徵已經相當明顯，後市持續快速上漲的機率大。面對這種情況，投資者可以在當日進場搶漲停板，或在次日進場加倉買進籌碼。

圖4-40是東陽光2021年9月6日的K線走勢圖，可以看出8月30日該股的確收出一個放量大陽線漲停板，突破前高，形成大陽線漲停K線形態。之後，主力機構快速向上拉升股價。

從拉升情況來看，8月31日起（當日收出一根開高回落放量大陽線，正是投資者進場買進籌碼的好時機），主力機構依託5日均線，採取快速拉升的操盤手法，放量大幅直線拉升股價，至9月3日，四個交易日拉出四根陽線，其中兩個漲停板（一個小陽線漲停板和一個大陽線漲停板），漲幅不錯。

9月6日，東陽光開高，股價回落，收出一根錘頭陰K線（高位或相對高位的錘頭線又稱作上吊線、吊頸線），成交量較前一交易日明顯放大。從分時走勢來看，該股早盤開高回落，盤中一度跌停，下午股價逐步走高至收盤，顯露主力機構利用開高、盤中拉高的操盤手法，引誘跟風盤進場並大量出貨的意圖。

此時，股價遠離30日均線且漲幅較大，KDJ等部分技術指標已經走弱，盤面弱勢特徵顯現。面對這種情況，投資者如果還有籌碼沒有出

圖4-40 東陽光（600673）2021 年 8 月 30 日的 K 線走勢圖

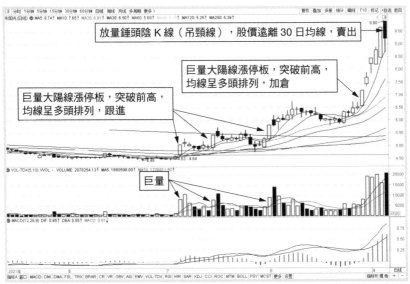

完，次日應該逢高賣出。

　　圖4-41（見下頁）是京泉華2021年11月4日的K線走勢圖，可以看出此時個股處於上升趨勢中。在此之前，股價從2018年6月11日的最高價43.65元（前期相對高位），一路震盪下跌，至2021年2月8日的最低價10.77元止穩，下跌時間長且跌幅大，期間有過多次幅度較大的反彈。

　　股價止穩後，主力機構快速推升股價，收集籌碼，然後該股展開震盪盤升行情，低買高賣賺取價差，獲利與洗盤吸籌並舉，震盪盤升期間成交量呈現間斷性放大的狀態。

　　6月22日，該股開低，股價衝高至當日最高價18.76元再回落，收出一根螺旋槳陽K線，成交量較前一交易日明顯放大，主力機構展開初期上漲後的縮量回檔洗盤行情，此時投資者可以在當日或次日先賣出手中籌碼，待股價回檔到位後再將籌碼買回。震盪盤升期間主力機構拉出七個漲停板，都屬於吸籌建倉型漲停板。

圖4-41　京泉華（002885）2021 年 11 月 4 日的 K 線走勢圖

> 巨量大陽線漲停板，突破前高，均線呈多頭排列，加倉

> 巨量大陽線漲停板，突破前高，均線呈多頭排列，跟進

> 放量小陽線漲停板，留下向上突破缺口，均線呈多頭排列，跟進

> 巨量

　　10月19日，該股大幅跳空開高（向上跳空5.82％開盤），收出一個小陽線漲停板，突破前高，留下向上跳空突破缺口，成交量較前一交易日明顯放大，形成放量小陽線漲停K線形態。次日該股開高，股價回落，收出一根放量陰K線，主力機構展開放量漲停後強勢調整洗盤行情（第一級台階），成交量同步萎縮。

　　10月28日，該股開低，收出一個大陽線漲停板，突破前高，成交量較前一交易日放大近3倍，形成巨量大陽線漲停K線形態。次日該股開高，股價回落，收出一根放量陰K線，展開巨量漲停後強勢調整洗盤（第二級台階），成交量同步萎縮。

　　11月4日，該股京泉華開低，收出一個大陽線漲停板，突破前高，成交量較前一交易日放大2倍多，形成巨量大陽線漲停K線形態。此時，均線（除了90日均線之外）呈多頭排列，MACD、KDJ等技術指標走強，股價的強勢特徵已經十分明顯，後市持續快速上漲的機率大。面對

圖4-42　京泉華（002885）2021 年 11 月 30 日的 K 線走勢圖

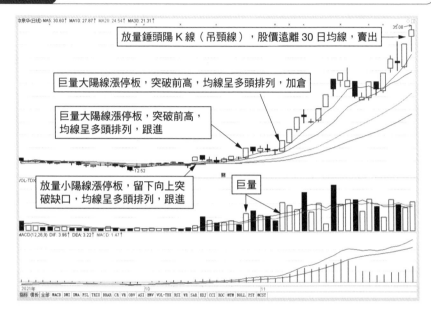

這種情況，投資者可以在當日進場搶漲停板，或在次日進場加倉買進籌碼，持股待漲，等待股價出現明顯見頂訊號時再賣出。

圖4-42是京泉華2021年11月30日的K線走勢圖，可以看出11月4日該股的確收出一個巨量大陽線漲停板，突破前高，形成巨量大陽線漲停K線形態。之後，主力機構快速向上拉升股價。從拉升情況來看，主力機構依託5日均線快速向上拉升股價，期間展開一次強勢調整洗盤，股價回檔跌（刺）破10日均線很快收回，其他小調整都是盤中洗盤。

11月5日（當日分時走勢顯示投資者可以進場買進籌碼）至11月29日，十七個交易日拉出十一根陽線（兩根假陰真陽K線），其中八個漲停板（一個小陽線漲停板、七個大陽線漲停板），漲幅非常大。

11月30日，京泉華大幅開高，收出一根錘頭陽K線（高位或相對高位的錘頭線又稱作上吊線、吊頸線），成交量較前一交易日明顯放大。

從分時走勢來看，該股早盤開高回落，跌破前一交易日收盤價，下

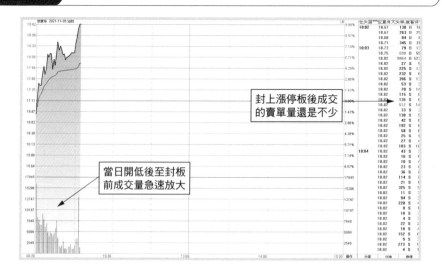

圖4-43　京泉華（002885）2021 年 11 月 5 日的分時截圖

跌幅度較大，然後急速拐頭震盪向上，展開高位震盪整理行情至收盤，收盤漲幅7.01％，顯露主力機構利用開高、盤中拉高、高位震盪等操盤手法，引誘跟風盤進場並大量出貨的意圖。此時，股價遠離30日均線且漲幅大，KDJ等部分技術指標開始走弱，盤面弱勢特徵顯現。面對這種情況，投資者如果還有籌碼沒有出完，次日應該逢高賣出。

　　圖4-43是京泉華2021年11月5日開盤後至10：04的分時截圖。這是該股在11月4日拉出一個巨量大陽線漲停板、突破前高的次日（大陽線漲停板），當日成交量較前一交易日萎縮，週轉率為15.64％。

　　從分時截圖來看，該股早盤開低（16.80元開盤），股價迅速衝高，然後震盪盤升，於10：03封上漲停板。再觀察盤面，開盤後成交量急速放大，10：04的成交明細可以看出，10：03第三筆9864手買單將股價封上漲停板（漲停價18.82元），但漲停後成交的賣盤量還是不少。

　　由於開低迅速衝高震盪盤升至封上漲停板間隔時間較長，成交活躍、量能較大，投資者如果當日有意進場買進，只要在開盤後視情況迅速掛買單跟進，都可以成功買進籌碼。

4-9 【巨量漲停③】 出現在上漲中途， 表示主力籌碼集中且控盤到位

　　上漲中途的巨量漲停，是指主力機構對下跌時間較長、跌幅較大的目標股票，在股價止穩後，逐步推升股價，收集籌碼，然後經過反覆震盪洗盤吸籌，等待股價有一定漲幅且大致控盤的情況下，以巨量漲停（多數伴有巨量封單的漲停）的方式展開快速拉升的行為。

　　目標股票在上漲中途出現巨量漲停，代表主力機構籌碼集中度較高、控盤較到位，預示主力機構將啟動一波快速拉升行情。投資者可以積極進場參與做多，但是要注意盯盤觀察，如果出現放量滯漲或出現其他見頂訊號，就要馬上賣出。以下以康達新材（002669）和新研股份（300159）為例。

　　圖4-44（見下頁）是康達新材2021年11月2日的K線走勢圖。在此之前，該股從2020年11月19日的最高價20.29元（相對高位），一路震盪下跌，至2021年7月28日的最低價10.11元止穩，雖然下跌時間不長，但跌幅大。股價止穩後，該股展開大幅震盪盤升行情，主力機構低買高賣賺取價差，獲利與洗盤吸籌並舉，成交量呈現間斷性放大的狀態。期間主力機構拉出一個大陽線漲停板，為吸籌建倉型漲停板。

　　11月2日，康達新材跳空開高，拉出一個大陽線漲停板。當日收盤價為14.39元，與止穩當天的收盤價10.28元相比，已有較大的漲幅，說明股價上漲幅度較大，當日漲停板屬於上漲中途的巨量漲停，漲停原因為「化工＋風電＋軍工」概念炒作，股價突破前高，成交量較前一交易日放大近3倍，形成上漲中途巨量大陽線漲停K線形態。

　　此時，均線（除了250日均線之外）呈多頭排列，MACD、KDJ等

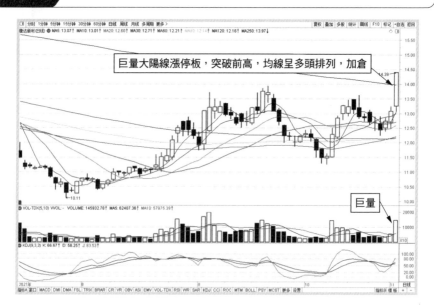

圖4-44　康達新材（002669）2021 年 11 月 2 日的 K 線走勢圖

技術指標走強，股價的強勢特徵已經十分明顯，後市持續快速上漲的機率大。面對這種情況，投資者可以在當日進場搶漲停板，或在次日進場加倉買進籌碼，持股待漲，等待股價出現明顯見頂訊號時再賣出。

　　圖4-45是康達新材2021年11月12日的K線走勢圖，可以看出11月2日該股走勢如前所述，形成上漲中途巨量大陽線漲停K線形態。之後，主力機構快速向上拉升股價。

　　從拉升情況來看，11月3日起，主力機構依託5日均線，採取盤中洗盤、迅速拉升的操盤手法，幾乎是直線向上急速拉升股價，至11月11日，七個交易日拉出六根陽線（11月3日為假陰真陽K線），其中兩個大陽線漲停板，上漲幅度大。

　　11月12日，康達新材開高，股價衝高回落收出一顆長上影線陽十字星（高位或相對高位十字星又稱作黃昏之星），成交量較前一交易日萎縮。從當日分時走勢來看，該股早盤開高後，股價急速衝高回落，跌

圖4-45 康達新材（002669）2021 年 11 月 12 日的 K 線走勢圖

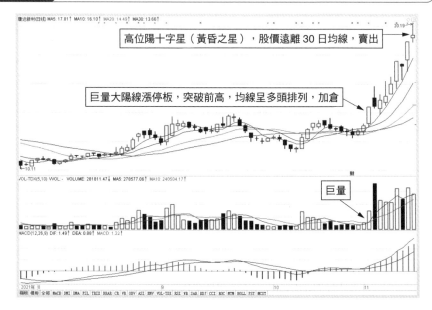

（刺）破前一交易日收盤價後，迅速拐頭震盪上行，然後展開高位震盪整理至收盤，顯露主力機構利用開高、盤中高位大幅震盪的操盤手法，引誘跟風盤進場並大量出貨的意圖。

此時，股價遠離30日均線且漲幅較大，KDJ等部分技術指標走弱，盤面弱勢特徵已經顯現。面對這種情況，投資者如果還有籌碼沒有出完，次日應該逢高賣出。

圖4-46（見下頁）是新研股份2021年8月5日的K線走勢圖，可以看出該股走勢處於上升趨勢。在此之前，股價從2020年9月9日最高價7.53元（前期相對高位），一路震盪下跌，至2021年2月8日最低價2.63元止穩，下跌時間不長，但跌幅大，期間有過一次較大幅度的反彈。

股價止穩後，該股展開大幅震盪盤升行情，主力機構低買高賣賺取價差，獲利與洗盤吸籌並舉，成交量呈現間斷性放大的狀態。期間主力機構拉出兩個大陽線漲停板，為吸籌建倉型漲停板。

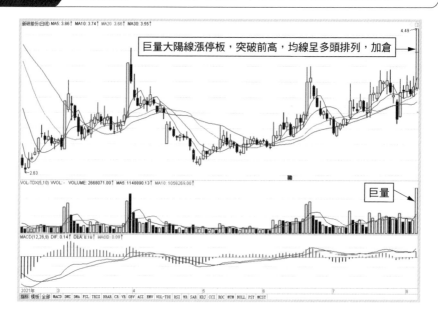

圖4-46　新研股份（300159）2021年8月5日的K線走勢圖

　　8月5日，新研股份開低，收出一個大陽線漲停板。當日收盤價為4.49元，與止穩當天的收盤價2.67元相比，已有較大的漲幅，說明股價上漲幅度較大，當日漲停板屬於上漲中途的巨量漲停板。漲停原因為國防軍工概念炒作，股價突破前高，成交量較前一交易日放大3倍多，形成上漲中途巨量大陽線漲停K線形態。

　　此時，均線（除了250日均線之外）呈多頭排列，MACD、KDJ等技術指標走強，股價的強勢特徵已經十分明顯，後市持續快速上漲的機率大。面對這種情況，投資者可以在當日進場搶漲停板，或在次日進場加倉買進籌碼，持股待漲，等待股價出現明顯見頂訊號時再賣出。

　　圖4-47是新研股份2021年8月18日的K線走勢圖，可以看出8月5日該股走勢如前所述，形成上漲中途巨量大陽線漲停K線形態。之後，主力機構快速向上拉升股價。

　　從拉升情況來看，8月6日和9日，主力機構強勢調整兩個交易日，

圖4-47　新研股份（300159）2021 年 8 月 18 日的 K 線走勢圖

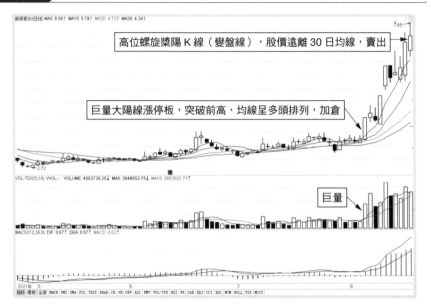

高位螺旋槳陽 K 線（變盤線），股價遠離 30 日均線，賣出

巨量大陽線漲停板，突破前高，均線呈多頭排列，加倉

巨量

正是投資者進場買進籌碼的好時機。8月10日和11日主力機構連續拉出兩個大陽線漲停板。8月12日、13日和16日又強勢調整三個交易日，投資者可以視情況進場買進籌碼，8月17日主力機構又收出一個大陽線，漲幅達14.38％，整個拉升過程還算順暢，漲幅可觀。

8月18日，新研股份開低，股價衝高回落，收出一根螺旋槳陽K線，成交量相較於前一交易日萎縮。從分時走勢來看，當日早盤6.87元開低後，股價震盪走高，11：24至當日最高價7.85元，然後展開震盪回落至收盤（收盤價7.38元，當日漲幅3.07％），代表主力機構利用開低震盪走高、高位震盪整理的手法，引誘跟風盤進場並大量出貨。

此時，股價遠離30日均線且漲幅大，KDJ等部分技術指標開始走弱，盤面弱勢特徵已經顯現。面對這種情況，投資者如果還有籌碼沒有出完，次日應該逢高離場。

國家圖書館出版品預行編目（CIP）資料

126 張圖學會量價戰法秒賺波段：看懂主力的低買高賣，下一張賺錢的單／
明發著. -- 新北市：大樂文化有限公司，2024.04
224面；17×23公分. --（Money；052）

ISBN 978-626-7422-18-2（平裝）
1. 股票投資　2. 投資技術　3. 投資分析

563.53　　　　　　　　　　　　　　　　　　　　　113002774

Money 052

126張圖學會量價戰法秒賺波段
看懂主力的低買高賣，下一張賺錢的單

作　　者／明　發
封面設計／蕭壽佳
內頁排版／楊思思
責任編輯／周孟玟
主　　編／皮海屏
發行專員／張紜蓁
發行主任／鄭羽希
財務經理／陳碧蘭
發行經理／高世權
總編輯、總經理／蔡連壽

出 版 者／大樂文化有限公司（優渥誌）
　　　　　地址：新北市板橋區文化路一段 268 號 18 樓之 1
　　　　　電話：（02）2258-3656
　　　　　傳真：（02）2258-3660
　　　　　詢問購書相關資訊請洽：（02）2258-3656

香港發行／豐達出版發行有限公司
　　　　　地址：香港柴灣永泰道 70 號柴灣工業城 2 期 1805 室
　　　　　電話：852-2172 6513　傳真：852-2172 4355

法律顧問／第一國際法律事務所余淑杏律師
印　　刷／韋懋實業有限公司

出版日期／2024 年 04 月 23 日
定　　價／320 元（缺頁或損毀的書，請寄回更換）
Ｉ Ｓ Ｂ Ｎ／978-626-7422-18-2